초능력과 기(氣)의 수수께끼에 도전한다

'우주 구조'의 근본원리에 다가선다

덴게 시로 지음
임승원 옮김

전파과학사

머리말

이 책의 목적은 '초능력'이라든가 '기(氣)'라고 하는 아직도 과학적으로 검증되지 않은 현상에 대해서 그 배후에 존재하는 '원리원칙'이나 '우주의 구조'를 밝히는 것이다.

접근 방법의 기본은 어디까지나 '근대과학의 방법론'을 벗어나지 않는 범위로 하고, 이러한 종류의 책에 흔히 있는 신비주의적인 단정을 되도록 피하고 있다.

솔직히 말해서 저자는 이 책의 내용에 관해서 어떤 종류의 '전율'을 금할 수 없다. 몇천 년 인류의 수수께끼 또는 우주의 수수께끼가 해명되는 날이 이미 눈앞에 다가서고 있다고 느끼기 때문이다.

소립자 물리학을 출발점으로 하는 '뉴 사이언스'와 근년에 현저하게 발전된 '심층심리학', 그리고 아득히 먼 옛날의 현인(賢人)이 설도한 '동양철학'이 놀랄 만큼 잘 일치하고 있음을 많은 사람들이 지적하고 있다. 그 일치된 점에서 '우주의 수수께끼'가 풀릴 것 같다.

그러나 이들의 내용을 책으로 정리하는 데 저자는 심한 어려움을 겪었다. D 박사를 취재하여 그의 업적을 중심으로 한 책은 제법 써 왔다. 그가 공동 발명자로서 이름을 올린 CD(Compact Disc)의 개발 비화, 디지털 오디오 기술의 해설, 그리고 그의 팀이 개발한 워크스테이션(전문가를 위한 고급 컴퓨터) 'NEWS'의 내력, 또 그것들과 관련되는 인재 활용법이나 조직

운영론 등이다.*

그런데 사실 D 박사의 CD 발명이나 NEWS 개발은 '세상의 눈을 피하는 가짜 모습'이었고 D 박사는 소년 시절부터 '초능력'의 수수께끼를 탐구하고 있었다는 것이다. 그가 성장해서 '전자공학'을 전공으로 선택하고 '전자기파(電磁氣波)'를 학위 논문의 테마로 선정한 것은 그것으로부터 무언가 수수께끼를 푸는 실마리를 얻을 수 있지 않을까 하는 동기에서였던 것 같다.

그는 '근대과학의 방법론'을 벗어나지 않는 범위에서라고 되풀이해 말하고 있지만 내가 보는 바로는 비약(飛躍) 투성이다. 그것을 교묘하게 이치를 맞추어 일반 독자가 이해할 수 있도록 정리한다는 것은 이미 나의 능력을 훨씬 넘어서고 있다.

이 책에서는 그것을 보충하기 위해서 곳곳에 D 박사와의 대화를 삽입하였고 또한 '가설(假說)'이라는 형태로 주지(主旨)를 정리하였다.

그러면 곧바로 D 박사를 등장시키자.

"확실히 옛날에는 근대과학이 문명의 빛이라고 생각되었지만요, 이것으로 우주의 진리가 해명될 것이라고요…….."

"지금은 다릅니까?"

"으음. 이렇게 말하면 화낼 사람이 많이 있을지 모르지만 갈릴레오 갈릴레이 이래의 소위 과학 대 종교의 싸움은 말이죠. 마지막에 대역전해서 종교가 이겼다고 나는 생각합니다."

근대과학은 그때까지의 종교적 '우주 모델'을 부정하면서 발

---

* 『CD는 이렇게 태어나고 이렇게 미래를 바꾼다』, 『디지털 오디오의 수수께끼를 푼다』, 『도쿄만 초발전 계획』, 『인재는 불량사원에서 찾아라』, 『대기업과 벤처 병의 갈림길에서』 등.

전해 왔다. 그 결과 근대과학이 탄생하기 이전에 비하면 사회에서 종교의 수비 범위는 대단히 좁아졌다. 제1회전은 분명히 과학이 이긴 것이다.

그런데 미세한 소립자 물리학이 발달하면서 사정이 완전히 바뀌었다. 하나의 전자(電子)가 동시에 두 곳에 존재하거나 소립자까지 마치 텔레파시로 교신하고 있는 것처럼 행동하거나(EPR 패러독스, 5장 참조) 하는 현상이 발견되었다. 그것들을 보다 잘 설명하기 위해서 '뉴 사이언스'가 탄생된 것인데 어찌 된 일인지 새로이 제창된 '우주 모델'은 예부터 종교가 설법해 온 것에 자꾸만 접근해 가고 있다.

"종교가 과학을 이겼다고 말하는 것은 그다지 적절한 표현은 아니잖습니까. 오히려 과학과 종교가 통일되는 날이 가까워졌다고 말해야 되겠지요."

과학과 종교가 접근해온 역사는 의외로 오래되었다. 금세기의 첫머리에 '양자역학'을 완성시킨 보어, 하이젠베르크, 슈뢰딩거 등 이론물리학자들은 최신 물리학의 성과가 먼 옛날 동양 현인들의 가르침과 유사하다는 것을 깨달았다. 그리고 그들은 모두 인도의 '베다(Veda)철학'이나 '불교', 중국의 '역경(易經)' 등에 빠져들어 갔다.

일반적으로는 거의 알려지지 않았으나 이 전통은 반세기에 걸쳐 일부 물리학자들에게 계승되어 1970년대의 '뉴 사이언스'의 흐름으로 꽃피어 갔다.

"결국 근대물리학이 저승의 존재를 긍정하게 된 것입니다……."

잘 조사해 보면 '심층심리학' 역시 '저승'과 매우 가까운 개념을 제창하고 있다. 인간 마음의 세계가 2중 구조로 되어 있고 일상 우리들이 지각할 수 있는 '의식층(意識層)'의 깊은 곳에 보통의 상태에서는 인식하기 어려운 '무의식층'이 존재한다.

더구나 '무의식'이라는 것은 개인에게 소속되는 것이 아니고 전 인류에 공유, 연결되어 있다(융의 '집단 무의식' 가설). 또한 '무의식'은 시간을 초월해서 전지전능(全知全能)하고 종교에서 '신(神)'이라고 부르는 존재에 매우 가까울 뿐만 아니라 '뉴 사이언스'에서 제창된 '우주 모델'에서의 '저승(암재계, 暗在系)'과 공통점도 많다.

통상적으로는 불가능한 '무의식'과의 대화를 궁리하면 인간의 '영혼'이 보다 높은 수준으로 변용(變容)한다는 것을 융은 발견하였다.

"우리들 일상의 의식과 융이 말하는 집단 무의식이 통일되어 하나가 된 상태가 불교에서 말하는 깨달음일 것입니다."

그리스도교에서도 마찬가지 개념으로 '신과의 완전한 합체(合體)'라는 표현이 있다. 대부분의 종교가 적어도 창시자의 수준에서는 '깨달음'을 지향하고 있었다고 말해도 큰 잘못은 아닐 것이다.

'선(禪)'이나 '기공법(氣功法)' 또는 '요가'나 '초월명상법(瞑想法)' 등 동양에서 발달한 각종의 정신 수행법(修行法)도 귀착점은 '깨달음'의 상태를 지향하고 있다. 그러한 의미에서는 이들의 동양적 수행법과 종교를 거의 구별할 수 없다.

이 책에서는 수행법의 한 예로서 '기공법'을 채택하여 상세하게 그 내용을 해설하고 있다. 잘 조사해 보면 합장(合掌) 등의 종교적 의식(儀式)이나 동작의 대부분은 '기공법'의 관점에서는 '기(氣)'를 높이기 위한 동작이다. 여기에서도 종교와 동양적 수행법의 공통점을 볼 수 있다.

'기공법'에서는 수행이 진행되면 인간의 체내를 돌고 있는 '氣'라고 불리는 미지의 에너지가 강력해져 자기의 건강이 증진되는 것뿐만 아니라 몸 밖으로 '氣'를 발사하여 다른 사람의 질병을 치료할 수 있게 된다〔기공사(師)〕.

또한 '투시(透視)'나 '텔레파시' 등의 소위 '초능력'이 강화된다.

'기공법' 이외의 동양적 수행법도 방법론은 다소 다르나 내용은 거의 같다. '氣'를 높이는 것과 '초능력'을 강화하는 것은 같은 방향성을 가지고 있고 귀착지는 '깨달음'이다.

그런데 여기에 의외의 함정이 있다.

"이러한 수행법이라는 것은 매우 위험한 것입니다. 각종 심신적 장해가 발생하는 일이 흔히 있고 심한 경우에는 정신병자가 되거나 폐인이 된 예도 허다하게 보고되어 있습니다."

이것을 '선'의 수행에서는 '선병(禪病)' 또는 '마경(魔境)'이라 부르고 있다. '기공법'에서는 수행에 의해서 생기는 온갖 장해를 '편차(偏差)'라고 총칭하고 있다.

"최근에는 **초능력** 붐이라든가 **기공** 붐이라고 일컬어지고 있습니다. 엄청나게 많은 수의 흥미 본위의 서적이 항간에 범람하고요……."

D 박사는 몹시 불쾌하게 말하였다. 책을 읽고 독습(獨習)한다는 것은 매우 위험하고 당치도 않다는 것이다. 올바른 방법론으로 올바른 지도자 밑에서 수행해야 한다. 그 중요성을 세상에 알려야 한다.

그래서 나에게 '착실한 책'을 쓰라는 엄한 시달(示達)이 있는 것이다.

이 책에서 '초능력'의 기술(記述)은 '투시'와 '텔레파시'에 그치고 있다. 이 밖에 '염력(念力)', '염사(念寫)', '예지(豫知)', '물체부유(物體浮游)', '인체부유(人體浮游)', '기상제어(氣象制御)', '텔레포트', '물체변질(物體變質)' 등 세상의 비교적 진지한 연구 보고만을 문제 삼아도 방대한 숫자가 된다. 여기에 심령적(心靈的)인 색체가 짙은 것을 부가시키면 그야말로 끝이 없다.

이 책의 목적은 첫머리에서도 적은 것처럼 '초능력'을 현상(現象)으로서 소개하는 것이 아니다. 그 배후에 존재하는 '우주의 구조'에 다가서는 일이다. 또 종교나 각종 수행법에 있어서도 '초능력' 그 자체는 거의 중요성을 갖고 있지 않고 '깨달음'에 이르는 과정에서 부차적으로 발생하는 힘에 불과하다고 가르치고 있다.

따라서 '초능력'에 많은 페이지 수를 할당하여 쓸데없이 독자의 흥미를 돋우는 것보다 '투시'와 '텔레파시'로 주제를 한정시키고 나머지는 단념하는 것이 현명하다고 판단하였다. 이 두 가지는 실험이 용이하고 그 존재는 충분히 검증되어 있다.

'초능력'의 문제를 '근대과학의 방법론'에 따라서 연구한 것은 듀크대학의 라인(Rhine) 교수가 처음일 것이다. 1930년대의 일이다.

그런데 이 연구 성과는 학문 세계에서도 일반 사회에서도 부정되고 그는 떠들썩한 비난의 대상이 되었다. 그가 극심한 박해와 몰이해를 견디면서 '투시'나 '텔레파시' 등의 비교적 실험이 용이한 '초능력'의 존재를 세상에 인정시키는 데는 무려 30년의 세월이 필요하였다.

　라인에 한정되지 않고 역사상 완전히 새로운 학문체계를 제창하는 사람은 우선 기존의 학문 세계로부터 받아들여지지 않고 비난을 받는 것이 통례이다.

　'심층심리학'으로 그토록 유명해진 프로이트나 융 역시 오늘날의 명성으로 보아서는 믿기지 않겠지만 일생을 박해와의 싸움에 소비하였다.

　아인슈타인이 '일반상대성이론'을 발표(1915)한 뒤 극심한 박해를 받은 것은 유명한 이야기이다. 1920년에는 그의 이론을 반박하는 단체까지 조직되고 그는 매명자(賣名者), 사기꾼, 과학적 다다이스트(Dadaist)*—라는 지독한 낙인이 찍혔다.

　5장에서 소개하는 '뉴 사이언스'의 기수(旗手)들도 다소간의 박해를 당하였다. 일본에서 '초능력' 연구의 선구자 후쿠라이 도모요시(福來友吉) 박사는 도쿄제국대학에서 추방 처분을 받았고 두 번 다시 학문 세계로는 복귀할 수 없었다(8장).

　이러한 박해를 당하고자 생각하는 사람은 없을 것이다. '초능력'이나 '기'의 과학적 연구가 진척되지 않는 것은 어느 의미에서는 당연한 것이다.

　라인이 단순한 '초능력'의 증명에 30년이나 필요했던 것은 기존 학문 세력의 보수성(保守性)도 하나의 원인이지만 다른 큰

---

* 전통적인 미(美)에 반항하는 예술가. 1차 세계대전 후의 유럽에서 유행하였다.

원인도 있었다. 흔히 '양(羊)과 산양(山羊)의 문제'라고 불리는
것이 그것이다.

'초능력'의 신봉자(羊)가 주최한 실험에서는 '초능력'의 존재
가 증명되는 결과가 나오는 것에 반해서 회의론자(山羊)가 실험
하면 '초능력이 없다'는 결론이 나오는 것이다. 이것으로는 두
진영이 아무리 실험을 반복해도 논쟁은 일치할 리가 없다.

이것은 참으로 우스운 이야기이다. 조사하고 있는 것은 피실
험자의 '초능력'이고 실험자의 신념이 실험 결과에 영향을 미친
다는 것은 있을 수 없을 것이다.

그러나 융의 관점으로 해석하면 실험자의 신념이 '집단 무의
식'을 통해서 피실험자의 '초능력' 발휘를 억압하였다고도 생각
할 수 있다.

이것은 어쩌면 대단히 놀랄 만한 것을 시사하고 있다.

세상의 모든 것은 사실이 있기 때문에 상식(신념)이 있는 것이
아니고 상식(신념)이 있기 때문에 사실을 낳고 있는 가능성이 있다.

라인 등의 실험 결과로부터 적어도 '초능력'에는 이것이 적용
된다. 그렇다고 하면 그 당연한 귀결로서 D 박사는 '가설 13'
이 성립한다고 말한다.

'가설 13'이란 세계 속 문명사회에는 회의론자의 수가 압도
적으로 많기 때문에 현재의 인류사회는 사람들의 '초능력' 발휘
를 '집단으로 억압'하고 있다는 내용이다. '산양'이 많으면 모두
가 '산양'으로 둔갑해 버리는 것이다.

어쩌면 인류사회는 유사 이래 '초능력의 사회적 억압'을 구조
적으로 포함하고 있었던 것은 아닐까. 샤먼(Shaman)이 리더십
을 잡고 있던 시대에 세간의 '초능력자'는 위정자(爲政者) 입장

에서 보면 방해물이었을 것이다. 중세(中世)에는 '마녀재판(魔女
裁判)'에서 볼 수 있는 것처럼 종교가 '초능력자'를 말살하기에
이르렀다. 그 뒤는 종교를 대신해서 근대과학이 미신(迷信)이라
는 이름 아래 '초능력'의 억압에 한몫을 맡아 왔다.

　그런데 1960년대 미국의 '카운터컬처(Counter-Culture) 운동'
이후 세계에서 '초능력에 대한 사회적 억압'이 눈에 띄게 낮아
진 경향이 관찰된다. '양'의 수가 급격히 증가한 것이다. 이대로
가면 '초능력자'가 우글우글 들끓는 사회가 될 가능성이 있다.

　"매우 위험한 징후입니다"

라고 D 박사는 말한다. '초능력'을 가진 사기꾼이 우글우글 들
끓는다면 이 세상은 지옥으로 둔갑할 것이다.

　역시 종교가 가르치는 것처럼 '초능력'의 발달과 '정신성'의
높아짐이 균형을 이루어야 한다. 그러한 의미에서 사회의 구성
원이 전원 '깨달음'을 향해서 훈련한다는 것이 바람직한 자세일
것이다. 종교가에게 끝까지 노력하여 주었으면 하고 바라는 것
이 이 책의 결론이다.

　이 책에서 한 가지 밝히지 못한 것이 있다. 그것은 '氣'라고
불리는 미지의 에너지의 정체이다. '氣'가 존재한다는 것. 훈련
에 의해서 인간이 발생하는 '氣'를 강하게 하거나 다른 사람이
나 식물의 '氣'에 대한 감수성을 높일 수 있다는 것. '氣'의 훈
련에 의해서 '초능력'이 증대한다는 것 등등은 거의 경험적으로
(또는 수천 년의 역사에 따라) 확인되고 있다.

　그런데 '氣'가 기존의 물리학 체계에 비추어 어떻게 설명되는
지 또는 '집단 무의식'과 어떠한 관계가 있는지 현재로서는 모

두 짐작이 가지 않는다.

이 책에서는 불우한 최후를 맞이한 박복한 정신분석의(분석의) 라이히(Reich)의 연구 성과를 소개하고 독자에게 '기'의 성질의 일부를 알리는 데 그쳤다. 실은 '기'와 비슷한 미지의 에너지에 관해서는 수많은 연구자나 아마추어가 과거부터 달라붙어 연구하고 있고 그 호칭도 별의 수만큼이나 있다. 그들의 기술(記述)은 거의 일치하고 있고 그것은 또한 수천 년 내의 많은 동양철학 서적의 기술과도 일치한다.

그러나 그 본질은 역시 수수께끼이고 이제부터 상세한 연구를 기다려야 한다. 이 책에서는 이야기의 전개에 맞추어서 합계 14개의 가설을 제창하고 있다.

그 일람을 아래에 보인다.

●가설 1 인류 중에는 투시 능력을 가지는 개체가 존재한다(라인 외).
●가설 2 인류 중에는 텔레파시라는 수단으로 서로 통신할 수 있는 개체가 존재한다(라인 외).
●가설 3 투시 능력 및 텔레파시 능력은 인류에 갖춰진 기본 능력의 일부이다(라인, 딘 외).
●가설 4 인간은 누구나 유아기에는 초능력이 있으나 대부분의 사람은 성장함에 따라 그것을 잃어간다〔이부카(井深), 시치다(七田) 외〕.
●가설 5 우주에는 '氣'라고 불리는 미지의 에너지가 충만해 있고 생명현상은 이것과 깊은 관계가 있다(동양철학).

- **가설 6** 인간은 적절한 훈련에 의해서 체내 '氣'의 흐름을 강하게 하거나 체외로 발사하는 '氣'의 에너지를 보다 강력하게 할 수 있다(기공법 등).
- **가설 7** 인간은 일반적으로 '氣'의 에너지가 강해지면 '초능력'도 높아진다(기공법 등).
- **가설 8** 우주는 우리가 지각할 수 있는 '명재계(明在系, Explicate Order)'로 성립되어 있다. '암재계'에서는 우주의 모든 물질, 정신, 시간 등 전체가 간직되어 있고 분할할 수 없다. '명재계', 즉 우리들이 관측할 수 있는 우주의 질서, 시간, 공간 등은 '암재계'의 하나의 사영(寫影)이다〔봄(Bohm), 프리브램(Pribram) 등의 홀로그래피(Holography) 우주 모델의 가설〕.
- **가설 9** 인간의 마음은 자기가 지각할 수 있는 '의식'과 통상의 상태에서는 인지할 수 없는 '무의식'의 2층 구조로 되어 있다. '무의식'은 시간을 초월하고 있다. 또 '무의식'은 개인에게 소속되는 것이 아니고 인류 모두에게 공통이다(융의 '집단 무의식'의 가설).
- **가설 10** '의식'과 '무의식'이 완전히 일체화된 상태는 불교에서 말하는 '깨달음'의 경지(境地)이다. '기공법', '선', '요가', '초월명상법' 등의 각종 동양적 수행법의 궁극적인 목적은 이 경지에 도달하는 것이다(융 외).
- **가설 11** 융의 '집단 무의식'과 봄의 '암재계'는 표현은 다르나 내용은 동일하다(D 박사).
- **가설 12** 적당한 장치를 궁리함으로써 공기 중에 존재하는

'氣'의 에너지를 수집하여 농도를 높일 수 있다(라
이히 외).

- ●가설 13 현재의 인류사회는 사람들의 '초능력' 발휘를 집
단으로 억압하고 있다(D 박사).
- ●가설 14 이상(理想)의 사회란 구성원 대부분이 '깨달음'을
얻음으로써만 실현될 수 있다(불교 등).

차례

머리말　3

차례

머리말　3

차례

머리말　3

16

18

뉴 사이언스, 동양철학, 심층심리학은 동일한 방향을 지향한다

1장
오컬트도 사이언스가 된다?

아버지는 영능자(靈能者)였다

"……나의 경우에는 사정이 조금 특수할지도 모르지만요……."

D 박사는 노래 부르듯이 말하였다. 나의 질문은 그 같은 과학자가 왜 '초능력'같이 미심쩍은 것에 흥미를 갖는가였다.

태양은 크게 서쪽으로 기울었고 초여름의 테니스 클럽의 정원에는 나무들의 긴 그림자가 드리우고 있었다. 테니스 코트에서는 가끔 환성이 터져 나오고 많은 사람들이 정원을 오가고 있었으나 원탁을 둘러싼 우리들은 주위로부터 완전히 격리된 정적을 유지하고 있었다.

나의 자리에서 보면 D 박사는 역광(逆光)이어서 표정을 알아차릴 수 없었으나 나에게는 그의 시선이 과거를 더듬어 찾고 있는 것을 잘 알 수 있었다.

"……실은 나의 아버지는 뭐라 할까 일종의 영능자였던 것입니다."

──뭐라고!──

나는 마음속으로 귀를 곤두세웠다. 과학자의 입에서 영능자 따위의 단어가 나오는 것은 전혀 예상 밖이었다.

"……그렇다면?"

나는 필사적으로 두뇌의 혼란을 수습하려 하고 있었다.

"예컨대 멀리 떨어져 있는 친구가 죽은 것을 안다든가……."

"이를테면 꿈의 계시라든가 벌레의 알림이라든가 하는 것?"

"그래, 그래요, 밤중에 갑자기 일어나서서 '바로 지금 모모(某某)

초상현상의 규명에는 전자기파를 연구하는 것이 제일?

씨가 죽었단다'라고 말씀하시는 겁니다. 그러면 다음 날 전보가 오거나 하고요……."

이와 같이해서 1년여에 걸친 인터뷰가 시작되었다.

이날의 테니스 클럽에서는 그의 유아기부터 여러 가지 불가사의한 체험이 이야기되었다. 하기야 그로 말할 것 같으면 당시는 그것을 불가사의로도, 대수롭게도 생각하고 있지 않았다. 오히려 당연한 것으로 생각하고 있었던 것 같다. 세간의 대부분의 사람이 소위 '초상현상(超常現象)'을 미신으로 단정 짓거나 비과학적이라고 생각하고 있고, 또 그러한 것을 믿고 있는 사람은 오히려 괴짜로 간주하고 있다는 것을 그가 안 것은 훨씬 뒤가 되어서였다.

그가 성장해서 과학기술의 길로 들어가 전공 분야로 전자공학을 선택하고 학위 논문의 테마로서 '전자기파'를 다룬 것은 이것이 동기였다. 즉, 그 자신은 확신하고 있지만 세간에서 부정하고 있는 '초상현상'을 어떻게든지 과학적으로 규명하고 싶다고 생각하였기 때문이다.

"전자기파도 눈에 보이지 않는데 에너지를 전달하거나 통신의 수단으로 사용할 수 있잖습니까. 텔레파시라든가 투시 등을 규명하기 위해서는 전자기파를 연구하는 것이 가장 빠른 길이라고 생각하였거든요."

그런데 이것이 터무니없는 잘못인 걸 알아차린 것은 박사 칭호를 받은 뒤였다.

"요컨대 근대과학의 한계와 같은 것을 느낀 것입니다."

근대과학의 한계

전자기파 이론은 그 정교함과 치밀함이 극에 이르고 있다. 어떠한 형상의 안테나를 만들면 어떠한 특성이 되는가, 지구상이나 우주 공간에서의 전파(傳播)가 어떠한 행동을 하는가를 얼마든지 정밀도가 높게 계산할 수 있다.

"그런데 '안테나에서 왜 전파가 나오는가'라는 단순한 의문에는 아무도 대답할 수 없어요."

해는 완전히 졌다. 테라스에서는 커다란 쇠그릇에 숯불이 새빨갛게 타면서 바비큐가 시작되고 있었다. 그의 볼은 상기되고 눈동자에 숯불이 비치고 있었다.

"근대과학의 본질은 자연현상을 얼마나 잘 근사(近似)시키는가 하는 것입니다."

세상에서는 과학이 절대시(絶對視)되고 있다.

'과학적으로'라는 형용사는 가끔 '올바르게'라는 의미로 사용된다. '근대과학의 방법론'은 사물을 조사할 때 궁극의 방법론이라고 믿어지고 있다.

그러나 절대적으로 올바른 이론 등은 이 세상에는 존재하지 않고 올바름을 증명하는 수단은 무엇 하나 없다. 어떤 이론이 이제까지 아무리 수많은 실험 결과와 합치되었다 해도 그다음에 실험했을 때에 결과가 이론과 모순되지 않는다는 보증은 없다. 단지 모든 실험에서 이론과 합치해야 한다.

사실 그렇게 해서 과학은 발전하여 왔다. 그러한 의미에서 어떠한 이론도 가설에 불과하고 항상 잠정적인 것이다.

☆칼럼☆

근대과학의 방법론

1. 누가 관측해도 항상 같은 결과가 얻어지도록 객관적이고 보편적인 관측 방법, 실험 방법을 궁리한다.
2. 과거에 알려져 있는 관측 결과를 모순 없이 정확히 설명할 수 있는 가급적 단순한 모델 내지는 이론을 구축한다.
3. 이제부터 하는 관측의 결과를 그 모델(내지는 이론)로 확정적으로 예측하여 결과와 비교함으로써 모델(이론)의 정당성을 검증한다(따라서 결과를 확정적으로 예측할 수 없는 이론이나 모델은 연구의 대상 밖이 된다).

뉴턴역학과 우주여행

"이전에 사과가 나무에서 떨어지는 이야기를 했지요."

예에 따라서 D 박사는 화제를 바꿨다. 이 어른은 나의 머리가 이야기를 따라갈 수 없다는 것을 확실히 아는 것 같았다.

옛날의 노래 문구는 아니나 사과의 이야기라면 잘 안다. 뉴턴이 만유인력을 발견하였다는 예의 그것이다. D 박사가 말하고 싶은 것은 "사과가 나무에서 떨어졌다"라는 건 정확한 표현이 아니고 "사과와 지구가 서로 접근해서 충돌하였다"라고 말하는 것이 올바르다는 것이다(이러한 바보 같은 표현을 하고 있으면 우스갯거리가 되는 것이 당연하다).

"200g의 사과가 3m 이동하는 동안에 지구는 10^{-25}m 사과 쪽으로 이동하는 것입니다."

어떠한 정밀한 측정기라도 10^{-25}m라는 거리는 측정할 수 없다. 그래서 지구가 정지(靜止)해 있고 일방적으로 사과가 떨어진다고 근사(近似)하여도 실용적으로는 지장이 없다. 그러나 물리법칙(뉴턴의 중력이론)은 놀랄 만큼 정확히 결과를 예측한다.

만일 사과 대신에 2g의 포도가 3㎝ 이동하였다고 하면 지구의 이동거리는 10^{-29}m이다. 또한 2000억 톤의 물체가 30만 킬로미터 이동하면 지구의 이동거리는 1㎝이다. 달과 같은 질량의 물체가 80m 움직이면 지구는 1m 움직인다.

관측할 수 있고 없고에 관계없이 정확하게 결과를 예측할 수 있고 게다가 이론은 암산으로 할 수 있을 만큼 간단하다(이동거리는 질량에 반비례한다).

오늘날 우리들은 뉴턴역학에 따라서 자동차를 만들고 비행기

200g의 사과가 3m 이동하는 동안에 지구는 사과 방향으로 10^{-25}m 이동한다

를 만들며 빌딩을 건설하고 교량을 가설하고 있으나 아무런 지장이 없다. 오늘날 대부분의 공학(工學)은 뉴턴역학 위에서 구축되어 있다.

그러나 만일 뉴턴역학밖에 모르는 사람이 우주여행을 떠나면 터무니없는 꼴을 당할 것이다. 멀리까지 가면 두 번 다시 지구로 되돌아올 수 없을지도 모른다.

──어째서일까.

시간은 상대적인 개념

그것은 지구상에서 그토록 정확히 사물을 기술할 수 있었던

뉴턴역학이 우주 공간에서는 근사 정도(近似精度)가 불충분하게
되어버리기 때문이다.

예컨대 '시간'이라는 개념이다. 통상 우리들 생활에서 시간은
어디서나 마찬가지로 일각일각 지나간다고 생각하고 있다. '시
간'은 절대적 척도라고 생각해도 아무 불편이 생기지 않는다.
그런데 이것은 엄밀하게는 잘못이다. 운동하는 물체 위에서는
시간의 진도가 느리다. 또한 지구처럼 무거운 물체의 주위에서
도 역시 시계는 느려진다. 시간이라는 개념은 우리들의 상식에
반해서 의외로 상대적인 것이다.

이것은 아인슈타인의 '일반상대성이론'으로서 오늘날에는 널
리 알려져 있고 시간의 진도에 대한 속도나 중력의 영향은 극
히 엄밀하게 계산할 수 있다.

예컨대, 광속(光速) 99%의 속도로 나는 로켓을 타고 1년 동
안 여행을 하고 돌아오면 지구상에서는 7년의 세월이 경과하고
있을 것이다. 물론 오늘날 지구 인류의 문명에는 그렇게 빠른
로켓은 존재하지 않는다.

그러나 이론적으로 '우라시마 타로(浦島太郞)'*의 이야기는 근
대물리와 아무런 모순도 없다.

"잘 알려진 이야기로 쌍둥이 패러독스(역설)라는 것이 있습니다."

쌍둥이 중 한 사람이 바닷가에, 또 한 사람은 산 위에서 생
활하였다고 한다. 바닷가에 사는 쪽이 지구의 중력 영향을 강
하게 받기 때문에 시간의 진도가 느리고 나이 먹는 것이 느리

---

* 역자 주: 일본 전설의 주인공, 구해준 거북의 안내로 용궁에 가서 잘 지
내고 얻어 온 손궤를 열었더니 흰 연기가 나며 순식간에 백발노인이 되었
다 함.

A, B의 쌍둥이 형제가 있었는데 바닷가에 사는 A보다 산꼭대기에 사는 B가 빨리 나이를 먹는다

다는 이야기이다. 이것은 물론 엄밀하게 올바른 것이고 이 이야기를 패러독스라고 느끼는 것은 오히려 우리들이 상식으로서 갖고 있는 '시간'의 개념이 올바르지 않은 탓이다.

"어느 정도 다른 것입니까?"

나는 당황하여 물었다. 나의 집은 제법 높은 곳에 있다. 만일 그 이유로 나이를 먹는 것이 빠르다면 내일이라도 바닷가로 이사하고 싶다.

"글쎄요, 한쪽이 도쿄 타워의 꼭대기(333m)에서 생활하고 있다고 할까요. 수명이 87세라고 하면 정확히 차이는 10^{-4}초가 되는군요. 그 녀석은 죽을 때 '아아! 내 인생은 저 녀석보다 10^{-4}초 짧았구나' 라고 한탄하면서 죽어간다……(큰 소리로 웃음)."

30

 사람의 일생이 10^{-4}초 길든 짧든 대세에는 영향이 없다. 나도 무리해서 바닷가로 이사하는 것은 그만두자. 그래도 우주여행을 할 때 이 현상을 모르면 참혹한 꼴을 당하는 것은 이해할 수 있다. 다행히도 인류가 뉴턴역학밖에 몰랐던 시대에는 과학기술이 발달되어 있지 않아 누구도 우주여행을 떠날 수 없었다. 세상은 교묘하게 되어 있다.

 그래도 정말로 우주를 깊숙이 여행하면 우리들이 지금까지 상상도 할 수 없었던 현상과 조우하여 기지(旣知)의 이론이 전부 쓸모없어지는 것도 있을 수 있다.

사이언스와 오컬트

 "근대과학의 이론이라 해도 결국은 종전에 알려져 있는 현상을 기술하는 근사(近似)에 불과한 것이지요. 지금 오컬트(Occult)라고 생각되고 있는 것이라도 그것이 보편적인 실험으로 확인되면 어차피 누군가가 그것을 설명하는 모델이나 이론을 제안하겠지요. 옛날에 누군가가 산 위에서는 바닷가보다 시간의 진도가 빠르다는 것을 발견하고 있었다면 투시나 텔레파시보다 상당히 오컬트적이라고 받아들여졌는지 모르지요(웃음)."

 밤도 깊어 갔다.

 파티의 떠들썩함은 계속되고 있었으나 테이블 위에는 빈 접시와 조끼뿐이고 어느새 바비큐의 불도 꺼져 있었다. 물러갈 것을 표명하고 일어선 나는 잔디 위에서 비틀거렸다.

 ……이것은 알코올 탓만은 아니잖아…….

 '사이언스'와 '오컬트'.

태어난 이래 나는 전자는 전적으로 올바른 것, 후자는 전적
으로 엉터리인 것으로 믿어왔다. D 박사는 그것을 병렬적으로
동일한 중요성을 가지고 논하려 하고 있다. 나는 머릿속에서
'상식'이 와르르 무너지는 것을 느끼고 있었다.

2장
투시와 텔레파시

실험의 재현성

"초능력이나 초현상을 근대과학의 방법론으로 조사한다는 것은 의외로 어려운 것이지요. 재현성(Repeatability)의 문제가 있으니까요."

"……그렇다면?"

실험이 객관적이고 동시에 보편적이라는 것은 누가, 언제, 어디에서, 누구를 피실험자로 실험하여도 같은 결과가 얻어져야 한다. 즉 재현 가능(Repeatable)해야 한다.

어떤 실험 결과에 대해서 몇 갠가의 추시험(追試驗)이 보고되어서 비로소 최초의 실험이 인정된다.

그런데 '초능력'은 개인차(個人差)가 크고 피실험자에 따라서 전혀 결과가 다르다. 또 같은 피실험자라도 때와 장소에 따라서 다른 결과가 된다. 아무래도 '근대과학의 방법론'으로는 조사하기 어려운 현상이다.

야바위가 들어온다

"근대과학의 방법론을 사용할 수 없으면 이번에는 단정적인 확신에 빠지거나 속임수를 쓰고, 무턱대고 신비스럽게 보이게 할 위험성이 있습니다."

소위 주술(呪術)이나 신흥 종교, 자칫 잘못하면 야바위의 세계로 들어가 버린다. 그러한 의미에서 '근대과학의 방법론'이라는 것은 한계가 있다고는 하지만 매우 귀중한 수법인 것이다. 적어도 거기에는 야바위가 들어갈 여지는 적다.

"이것을 증명할 수는 없습니다만 오늘날 신흥 종교의 교조(教祖)

초능력을 과학적으로 해명하기 위해서는 실험의 재현성이 필요하다!

라고 일컬어지는 사람의 대부분은 영능자, 초능력자가 아닌가라고 나는 생각하고 있습니다.”

그래서 사람들은 마음이 끌리고 많이 모인다. 단순히 말솜씨가 좋은 것뿐이었다면 오랜 세월에 걸쳐서 많은 신자들의 열광을 유지하는 것은 곤란할 것이다. 그렇다고 해서 신흥 종교가 신자들을 정말로 행복하게 하였는가, 사회에서 유익하였는가 하면 의문스런 사례가 많다. 신비성을 남용해 신자에게 강박관념을 갖게 하여 교단(敎團)이나 교조가 큰 돈벌이를 하는 패턴이 끊이지 않는다.

이 장의 후반에서 설명하겠지만 ‘초능력’은 누구에게나 있다는 설이 유력하다(가설 3). 또 4장에서 언급하는 것처럼 ‘기공

법'이나 '요가' 등의 동양적 수행법에 의해서 '초능력'을 강화시
키는 것도 가능한 것 같다.

　그러나 '초능력'의 유무와 그것을 '선(善)'으로 사용하느냐 '악
(惡)'으로 사용하느냐는 관계가 없다.

　과학적으로 해명이 되지 않은 채 훈련 방법만 발전시켜버리
면 인류사회에서 위험할지도 모른다.

투시와 텔레파시

　"현상으로서의 초능력은 말이지요, 일반 사람이 생각하고 있는 것
　보다 과학적으로 조사되어 있는 것입니다."

　특히 투시*나 텔레파시**는 반세기 이상에 걸쳐서 실험이 반
복되고 있다. 둘 다 '근대과학의 방법론'에 비추어서 한 엄밀한
실험이라고 한다.

　확실히 왜 이러한 '초능력'이 발휘될 수 있는가에 대해서는
아직 잘 모르고 있다. 정성적(定性的)인 모델이나 설명은 몇 가
지 제안되어 있으나 충분히 검증되었다고는 말할 수 없다(뒤에
언급한다). 그래도 현상으로서는 충분히 확인되었다고 D 박사는
말한다.

　"그렇지만 초능력이라 하면 아무리 해도 나에게는 속임수나 요술
　처럼 생각되는데요……."

---

* 투시(Clairvoyance): 보통의 오감으로 감지할 수 없는 사물 또는 물리현
상을 지각하는 것.
** 텔레파시(Telepathy): 다른 사람의 마음의 작용을 어떤 종류의 감각으로
지각하는 것.

이미 D 박사의 이야기를 꽤 듣고 있었지만 나는 도저히 순순히 믿을 기분이 아니었다. 태어나서 지금까지 배양되어 온 나의 '상식'은 강렬한 거부 반응을 보이고 있었다.

——후후후.

D 박사는 거의 소리를 내지 않고 웃었다. 분명히 나의 무지(無知)를 힐책하는 모양이었으나 직접적인 반론은 해오지 않았다.

어두워진 연구실의 등불을 켜기 위해 D 박사는 일어섰다.

"이것을 보십시오."

책상 서랍을 부스럭부스럭 뒤지고 있던 D 박사는 곧 한 장의 그래프 용지를 꺼내 가지고 왔다.

투시 능력의 실험

"투시 능력에 관한 나 자신의 실험 결과입니다. 이것에 따르면 불과 350회의 실험으로 투시 능력 있음이라고 판정되어 있습니다. 당신도 한번 해보지 않겠습니까?"

나의 거부 반응을 보고 D 박사는 자기 자신의 데이터를 끄집어내어 왔다. '설마 그것도 거짓말이겠지요'라고는 도저히 말할 수 없었고, 진지한 과학자의 눈빛을 보고 나의 완고한 '상식'도 묘하게 납득하여 버렸다.

독자를 위해서 D 박사의 실험 순서를 기록하자. 트럼프의 적(赤), 흑(黑)을 맞히는 극히 간단한 실험이고 그래프에 결과를 기입하여 가면 자동적으로 '투시 능력 있음/없음'이 판정된다.

38

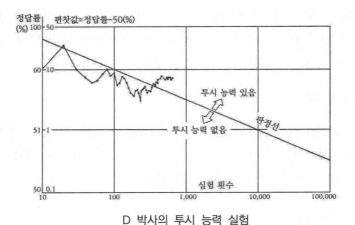

D 박사의 투시 능력 실험

D 박사가 시키는 대로 곧 그 자리에서 100회의 실험을 해보았으나 나의 경우에는 오히려 정답률이 50%를 밑돌아 버렸다.

아무 일은 없다. 아무것도 생각하지 않고 '빨강', '빨강'이라고 반복해도 확률적으로 50%는 될 것이다. 내가 열심히 정신 집중을 하여도 그 이하라는 것인가.

"정답률이 50% 이하라고 해서 실망할 것은 없어요. 마음속의 생각을 아직 잘 파악할 수 없는 것인지도 모릅니다(주의사항의 '라'항 참조). 조금 훈련하면 맞출 수 있는 가능성도 있어요."

☆칼럼☆

투시 능력의 간단한 검정법

1. 될 수 있는 대로 새 트럼프(조커를 넣지 않는다)를 잘 섞어서 1매를 뽑아낸다. 겉을 보지 않고 '붉은 카드'냐 '검은 카드'냐를 맞춘다(생각한 대로 말해 본다). 맞았는지 틀렸는지를 기록하고 그 카드를 다시 넣어서 잘 섞는다. 이것을 반복한다.

2. 10회 실험을 할 때마다 정답률을 계산한다. 정답률=(맞은 횟수/전 실험 횟수)×100(%).

3. 양로그(兩對數) 그래프를 준비하여 세로축을 편찻값, 가로축을 실험 횟수로 한다. 편찻값=정답률-50(%).

4. 실험 횟수 100회, 편찻값 10%(정답률 60%)의 점과 실험 횟수 1만 번, 편찻값 1%(정답률 51%)의 점을 직선으로 연결한다. 이것이 판정선이고 실험 결과가 이 선의 오른쪽 위로 나왔을 때 '투시 능력 있음'으로 한다. 정답률이 50% 이하일 때 및 50% 이상에서도 판정선을 넘지 않을 때에는 '투시 능력 없음'으로 판단한다.

〈주의 사항〉

가) 실험은 될 수 있는 대로 조용한 방에서 정신을 집중시켜서 한다. 심호흡을 하고 심신을 이완시키며 충분한 시간에 걸쳐서 한다.

나) 투시 능력은 날에 따라 크게 차이가 생긴다. 상태가 좋은 날에는 많이 실험하고 상태가 나쁜 날은 바로 중지할 것. 다만, 아무리 상태가 나빠도 결과는 반드시 계산할 것.

다) 절대로 꾀를 부리거나 속임수를 쓰지 않는다. 자기가 판정하기 위해서 실험하는 것이므로 결과를 순순히 받아들인다.

라) 정답률이 50%보다 현저히 낮을 때(예컨대, 10회의 실험에서 1회밖에 맞지 않는다)는 투시 능력이 높아져 있다고 생각할 수 있다. 다만, 투시의 시그널(신호)을 잘 포착할 수 없기 때문에 반대의 대답을 말해 버린다. 그대로 실험을 속행하면 포착하게 되는 일이 많기 때문에 나쁜 결과도 그대로 계산할 것. 반대로 투시 능력이 저하되어 있을 때에는 몇 번 실험해도 정답률이 50% 부근에 오는 경향이 있다.

마) 실험 결과 그래프가 판정선에 접근하는 경향이 있다면 체념하지 말고 실험을 계속한다. 어지간히 확정적인 결과가 나오지 않는 이상 1,000회는 계속할 것. 어떤 사람이라도 수만 번 실험하면 투시 능력 있음이라고 판정될 수 있다는 사람도 있다.

바) 이 판정선은 통계에서 흔히 사용되는 5% 유의(有意) 수준(정확히는 4.5%)이다. 결국 '투시 능력 있음'이라는 가설에 대해 전적으로 우연히 '있음'이라고 판정되는 확률이 5% 이하가 될 때 가설을 올바르다고 한다(투시 능력 있음이라고 판정한다). 통계적으로는 100회의 실험에서 60회 맞는 확률(정답률 60%)과 1만 번의 실험에서 5,100회 맞는 확률(정답률 51%)이 같게 된다.

　실험적으로는 횟수가 많을수록 '있음'의 판정이 나오기 쉽다고 일컬어지고 있다.

D 박사도 사람을 잘 녹인다. 그토록 완고하게 '초능력'의 존재를 거부하고 있던 내가 조금 더 훈련을 해 볼까 하는 마음이 되었다.

"……그러면 D 박사는 **초능력자**라는 것입니까?"

내가 가망이 없었던 '투시 능력' 실험에 그는 성공하고 있다.

"아니, 아니 이 정도의 실험으로 **초능력자**라고 하는 것은 우스꽝스럽겠지요. **투시 능력**에 관해서 말하면 굉장한 능력을 가지고 있는 사람이 많이 발견되어 있고 과학자에 의한 실험도 허다하게 보고되어 있습니다(문헌 [1]~[9])."

다만, 인류 중에 '투시 능력'을 가진 사람이 몇 % 정도 존재하는지는 조사되어 있지 않다. 아직 잘 모른다는 것이 진상일 것이다.

가설 1	인류 중에는 투시 능력을 가지는 개체가 존재한다(라인 외).

"사실은 말이지요, **텔레파시**에 대해서도 과학자들이 제법 조사하고 있습니다(문헌 [1]~[6], [10]~[13]). **텔레파시** 능력이 특히 높은 사람이 세상에 존재하는 것은 학문 세계에서도 거의 정설입니다."

'투시'나 '텔레파시' 등 소위 '초능력'을 학문 세계에 인정시키기 위해 실로 많은 과학자들이 박해와 싸운 눈물의 역사가 있다.

가설 2	인류 중에는 텔레파시라는 수단으로 서로 통신할 수 있는 개체가 존재한다(라인 외).

초능력 연구의 선구자 라인

'초능력'의 존재를 과학적으로 증명하려고 한 것은 듀크대학 교수인 라인(J. B. Rhine)이 최초일 것이다. 1930년대 초의 일이고 기이하게도 '양자역학'(5장 참조)이나 '심층심리학'(6장 참조) 등의 탄생과 거의 때를 같이하고 있다.

연구의 방법론으로서는 'D 박사의 투시 능력 검정법'과 그다지 다르지 않다. 트럼프 대신에 ESP* 카드(제나 카드)가 사용되었다. 5종의 도안(圖案)을 5매씩, 총 25매의 카드를 사용하는 실험이 정착되었다.

그는 '초능력자'는 아니고 무작위로 선정한 일반 사람을 실험의 대상으로 하였다. 그리고 몇만 번이나 되는 실험을 반복하여 통계적으로 처리하면 다소간에 누구라도 '투시 능력'이나 '텔레파시 능력'이 있다는 결론을 얻었다.

그러나 라인의 연구는 굉장한 비난의 대상이 되었다. 학자들은 물론 매스컴을 위시하여 각종 단체에 이르기까지 속임수라고 일방적으로 단정하였다. 그의 이후 40년에 걸친 인생은 이들의 몰이해와 비난, 박해에 대항하는 고독하고 준엄한 싸움으로 소비되었다.

최초의 비난은 주로 통계 처리 방법에 집중되었으나, 1937

---

* ESP: Extra Sensory Perception, 초지각

ESP 카드(아래의 가운데는 케이스)

년에 미국 수리통계연구소에 의해서 라인의 통계 평가 방법을
승인하는 성명이 발표되어 일단의 결말이 났다.

　다음의 비난은 실험자가 피실험자에게 '눈짓'을 하는 등 실험
자 본인도 의식하지 못하는 신호를 보내고 있는 것은 아닌가
하는 의문이었다.

　그 때문에 그 이후의 실험은 건물의 별동(別棟)에서 하게 되
었다.

　게다가 채점 착오는 아닌가, 많은 데이터 중에서 고의로 유
의(有意) 데이터만을 선정한 것은 아닌가 하는 등 온갖 비난을
퍼부어 그때마다 실험 방법이나 순서가 궁리되었다.

　그러나 실험자가 악의를 가지고 데이터를 날조하고 있는 것

은 아닌가라는 비난은 최후까지 라인을 괴롭혔다. 좋지 않은 일로 추시험 실험 중에 정말로 속임수를 쓰고 있던 사례가 있었고, 그것이 적발되기도 하였기 때문에 이 비난은 마지막까지 수습되지 않았다.

학문 세계가 겨우 인정하였다

라인이 설립한 '미국초심리학회'*는 미국의 학문 세계에서도 가장 권위가 인정되는 미국과학진흥협회(American Association for the Advancement of Science)에 가맹을 신청하였으나 두 번이나 거절되었다.

그러나 1969년이 되어서 유명한 인류학자·정신의학자 베이트슨(Gregory Bateson : 5장에서 소개하는 뉴 사이언스의 기수 프리초프 카프라를 지도한 한 사람) 등의 강력한 추천에 의해서 가맹이 승인되었다. 그때 라인은 74세였다. 이 통보를 어떠한 감회로 들었는지는 상상하고도 남음이 있다.

'초심리학'이 가까스로 시민권을 얻은 배경에는 1960년대를 휩쓸고 지나간 '카운터컬처 운동'(5장에서 해설한다)의 영향이 크다. 동양철학이나 힌두교, 불교, 유교, 도교(道敎) 등의 종교와 선(禪)이나 요가 등에 대한 관심이 증대되고 또 융의 '심층심리학'(6장에서 해설한다)이 급속히 보급된 것도 이 시기이다.

라인은 그 고난의 싸움 중에 20년간에 걸쳐서 융과 왕복 서한을 교환하고 있었다. 그러나 융은 이들의 융성(隆盛)을 보지 못하고 1961년에 86년간의 생애를 마친다.

오늘날 미국에서는 100개 이상의 대학이나 연구기관에서 '초

---

* 초심리학: Parapsychology

심리학'의 교육과 연구가 행해지고 있다. 일본에서는 융의 '심층심리학'이 비교적 원활하게 받아들여진 것에 반해서 '초심리학' 쪽은 아직도 고난시대의 한복판에 있다.

초능력과 군사(軍事) 연구

"라인의 다음 초능력에 관한 최첨단 연구는 군사 연구의 색채가 강하게 되었습니다."

미국을 비롯한 러시아, 중국 등에서 비밀의 베일 속에서 상당한 연구가 진행된 것 같다. 동서의 냉전이 한창인 무렵의 이야기이다.

"왜 군과 결탁한 것입니까."

"한 가지는 통신수단으로서의 연구이겠지요."

오늘날까지의 실험에서 '텔레파시'를 차폐하는 물질은 발견되지 않았다. 전파라면 두꺼운 금속을 관통할 수 없고 음파도 두꺼운 콘크리트 벽으로 차폐할 수 있다.

그런데 만일 '텔레파시'를 매개(媒介)하는 파동이 존재한다고 하면 그것은 온갖 물질을 관통해버릴 가능성이 있다.

따라서 통상의 수단으로는 통신이 불가능한 경우, 예컨대 바닷속 깊이 운항하는 잠수함과의 교신에 '텔레파시'가 사용될 수 없을까라고 한창 연구되었다.

"더구나 텔레파시가 훌륭한 점은 큰 전력의 송신설비도, 거대한 안테나도 사용하지 않고 살아 있는 몸인 인간과 인간만으로 아주 먼 원거리 통신이 가능하기 때문이죠……."

잠수함끼리 텔레파시 통신을 할 수 있다?

그러나 현재로서는 실용 수준까지 도달하지 못했다.

"몇만 번이나 실험을 하여 필사적으로 통계 처리를 해서 말이지. 가까스로 텔레파시의 존재를 확인할 수 있다는 수준에서는 말이지요……."

물론 일반인은 아니고 우연히 발견된 '초능력자'를 기용하면 상당히 개선될 수 있다. 그렇더라도 통신으로서는 불안정하고 군사상의 중요한 통신에 사용한다는 것 등은 도저히 바랄 수 없다.

텔레파시의 통신 속도

"게다가 텔레파시 통신의 속도는 굉장히 느린 것 같습니다."

정보이론에 따르면 통신로(路) 특성과 품질이 결정되면 그것을 사용한 최대의 통신 속도(Channel Capacity)*가 일의적(一義的)으로 결정된다. 아무리 궁리를 해도 그 이상의 속도로 통신하는 것은 불가능하다는 게 이론적으로 증명되어 있다. 예컨대, 통상적으론 퍼스컴 통신 등에서 사용되는 통신 속도는 2,400~9,600비트/초이다. 이것보다 고속의 통신도 가능하지만 회선(回線) 상태가 나쁘면 오류(Error)투성이가 되어버린다. 이것을 방지하기 위해서 '오류정정부호'를 붙이거나 오류가 발생하면 그것을 검지해서 재송(再送)하는 방식을 채택하면 실질적인 정보 전달 속도가 떨어져버려 결국 속도는 얼마 상승하지 않는다.

"마치 고속도로에서 2차선이냐 3차선이냐로 자동차의 통행량이 결정되는 것과 같은 것이겠지요. 그 이상의 자동차가 들어오면 즉각 정체를 일으키는 것입니다."

통신로의 경우에는 에러 레이트(Error Rate: 오류 발생률)를 측정함으로써 통신 속도의 이론 한계를 계산할 수 있다. 텔레파시의 통신 속도 실험 예를 칼럼에 보인다.

"이 실험의 재미있는 부분은 텔레파시라 할지라도 멀리 떨어지면 통하기 어렵게 되는 것입니다. 우리들이 알고 있는 전파라든가 음파 등과 닮은 성질이 있는지도 모릅니다."

"역시 일종의 전파가 나오는 것이겠지요."

"아니야! 그러한 비약이 가장 좋지 않아!"

---

* 일반적으로는 '통신 용량'이라는 역어(訳語) 쪽이 많이 사용되고 있다. 그러나 전문가가 아닌 독자에게 왜 '용량'이라는 표현을 사용하는지 이해하기 어렵다고 생각되기 때문에 이 책에서는 '통신 속도'라 부른다.

☆칼럼☆

실험 예 1. 텔레파시의 통신 속도 (1)

러시아의 코간(I. M. Koran)은 다음과 같은 방법으로 장거리 텔레파시 실험을 하고 그 데이터를 정보 이론적으로 정리하여 텔레파시의 통신 속도(Channel Capacity)와 거리의 관계를 조사하였다(문헌 [12]).

방법

1. 송신자는 방(房) 주위에 배열한 10종의 카드 중 1매를 무작위로 지정하여 3분간 송신한다(마음속으로 빈다).
2. 수신자는 먼 곳에 있는 방에서 정신을 집중하여 어느 카드가 지정되었는가를 검지(檢知)한다.

결과

도시	거리	통신 속도
Moscow-Tomsk	4,000km	0.001비트/초
Moscow-Novosibirsk	3,000km	0.005비트/초
Moscow-Leningrad	600km	0.06비트/초
Moscow 시내	2km	0.22비트/초

과학 하는 마음

D 박사는 갑자기 큰 목소리를 냈다. 그리고 무지한 나에게 과학 하는 마음을 설득하기 시작했다.

——말하기를, 충분한 증거가 모일 때까지는 단정적인 의견을 말하지 말 것.

——말하기를, 사물을 있는 그대로 선입관념 없이 볼 것.

――말하기를, 사실과 상상을 절대로 혼동하지 말 것.

――말하기를, 어떠한 가설을 세워도 좋으나 그것이 검증될 때까지는 어디까지나 가설로서 다룰 것.

――말하기를, 자기 가설의 증명에 편리한 실험 결과를 모으는 것이 아니고 가설을 부정하는 실험 결과를 혈안이 되어 찾을 것.

――말하기를, …….

――말하기를, …….

"아무튼……."

약간 흥분이 가라앉더니 D 박사는 코간의 실험으로 화제를 돌렸다.

"이것은 하나의 실험 예로서는 매우 흥미로운 내용이지만……. 유감스럽게도……근대과학의 방법론에 비추어서 말하면 정설(定說)로는 채용할 수 없어요."

"왜 그렇습니까?"

"우선 이 실험은 통신 속도의 실험임에도 불구하고 항상 3분간의 정신집중을 조건으로 하고 있지요. 원래라면 거리를 바꾸기 전에 정신집중 시간에 대해서 에러 레이트가 어떻게 변화하는가, 또 카드의 내용이나 수를 바꾸면 어떻게 되는가 등 통신으로서의 기본 특성을 조사해야 할 것입니다."

"그렇군요."

"요컨대 텔레파시를 통신의 일종으로 파악했을 때 꼭 해야 할 실험은 무수히 있고 그것들이 정설화(定說化)되어서 비로소 거리의 파라미터 연구가 정설의 대상이 되는 것입니다. 학문이라고 하는 것은 벽돌을 쌓는 것처럼 기초부터 하나하나 꼼꼼히 쌓아 올려야 합니다.

초능력 연구에는 초심리학과 사이(Psy)과학의 흐름이 있다

토대(土台)도 만들기 전에 갑자기 건물을 세울 수는 없는 것입니다."

"그리고 이 실험은 특정 **초능력자**만의 예이고, 어쩌면 다른 사람을 사용하면 완전히 다른 결과가 나올 가능성이 있습니다. 또 근대 과학에서는 **추시험**(追試驗)이라는 것이 중요시되고 있습니다. 몇 사람의 연구자가 같은 실험을 해서 같은 결과가 나와야 비로소 최초의 실험 결과가 옳았다고 인정되는 것입니다. 이 연구에 관해서 말하면 **추시험**은 보고되지 않은 것 같습니다."

"앞에서 말씀하신 재현성(Repeatability)의 문제입니까?"

"그래요, 그렇습니다. 그대로입니다."

D 박사의 얼굴에 겨우 미소가 돌아왔다.

초심리학과 사이(Psy)과학

"**초능력**의 과학적인 연구는 주로 두 가지 계통이 있습니다."

하나는 러시아, 중국 등이 중심이 되어 연구하고 있는 방법론으로서 주로 '초능력자'를 사용해서 실험하는 것이다. 결과는 나오기 쉬우나 재현성이 결여되는 경향이 있고 연구 성과를 쌓아 올린 학문 체계가 되기 어렵다.

이쪽은 주로 '사이과학(Psy Science)'이라 부르고 있다. 상기의 실험은 그 한 예이다.

또 하나의 방법론은 라인이 시작한 '초심리학'의 흐름이다.

이것은 미국이나 유럽 중심으로 발전하고 있고 일반인의 '초능력'을 조사하고 있다. 재현성은 있으나 현상을 파악하기 어렵고 '초능력'의 구조에 다가가는 것이 곤란하다.

"같은 텔레파시의 통신 속도 실험 예에서도 초심리학의 방법론으로 일반인을 사용한 것도 있지요."

그렇게 말하더니 D 박사는 낡아빠진 문헌을 끄집어내 왔다 (칼럼 참조).

"이 실험은 상당한 추인 실험이 보고되어 있습니다. 라인의 가설을 뒷받침하는 유력한 증거가 되었습니다."

☆칼럼☆

실험 예 2. 텔레파시의 통신 속도 (2)

1960년대 뉴와크대학에서 딘(E. D. Dean)의 지도하에 대규모의 텔레파시 실험이 행하여졌다(문헌 [13]). 이것은 송신자도 수신자도 일반인을 대상으로 하고 있으며 보편성이 있다.

방법

1. 송신자는 성명을 적은 카드를 응시(凝視)한다.
2. 수신자는 손가락에 플레디스모그래프(Plethysmograph: 혈관의 미세한 용적 변화를 계측하는 진단기)를 끼고 눕는다.

결과

1. 송신자가 응시하는 카드의 이름이 전화번호부 등에서 무작위로 추출된 경우와 실험자 또는 피실험자의 근친자(近親者) 이름의 경우는 플레디스모그래프의 출력(出力)에 분명한 차이가 있다(즉, 수신자 자신은 카드를 보고 있지 않는데도 불구하고 근친자의 이름에 무의식적으로 반응한다).
2. 이 방법에 의한 통신 속도(Channel Capacity)는 약 0.05 비트/초.

누구에게나 초능력은 있다?

아무래도 일반인 사이에서도 자신은 의식하고 있지 않음에도 불구하고 '텔레파시' 교신을 하고 있는 것 같다는 것이다.

이들의 연구에서 다음 가설이 거의 성립한다.

가설 3	투시 능력 및 텔레파시 능력은 인류가 가진 기본 능력의 일부이다(라인, 딘 외).

시력, 청력, 촉각 등의 여러 감각, 직립보행(直立步行) 등의 운동 능력, 언어를 통한 정보의 처리와 전달 능력, 맨 끝은 창조성에 이르기까지 인간에게 갖추어진 기본 능력은 폭이 넓고 속이 깊다. 물론 불행하게도 선천적으로 기본 능력의 일부가 결

여되어 있는 사람도 있다. 세계의 모든 사람에게 100% 능력이 없으면 기본 능력이라고 인정하지 않는 건 아니다.

또한 언어 능력처럼 유아기의 훈련에 의해서 개발되는 능력도 있다. 동물에게 훈련을 실시해도 충분한 언어 능력을 보이지 않는 것으로부터 이것은 사람 특유의 기본 능력이라고 간주되나 그것이 발휘되기 위해서는 환경이 중요하다.

"만일, 투시 능력이나 텔레파시 능력이 인류 고유의 기본 능력이라고 가정할 경우 그 가능성은 두 가지가 있습니다."

그 하나는 현재 대부분의 사람들이 실은 '초능력'을 보유하고 있지만 자신들은 그것을 알지 못한다는 사고이다. 라인이나 딘 등의 실험 결과는 이 가능성을 시사하고 있다. 또 하나의 가능성은 '초능력'은 인류 고유의 기본 능력이지만 현재의 사회환경은 그것을 신장시키고 발휘시키는 데는 불충분하다는 사고이다. 마치 늑대의 무리 속에서 키워진 인간이 언어 능력을 상실하는 것과 같은 현상이 일어나고 있는 것은 아닌가라는 가설이다.

갓난아기는 모두 초능력자

이것을 시사하는 강력한 힌트의 하나로 인간의 유아(幼兒)에게는 아무래도 타고난 '초능력'이 있는 것은 아닌가라는 설이 있다.

"나도 들은 적이 있습니다. 유아교육으로 유명한 소니(Sony)의 이부카 씨가 그렇게 말씀하셨습니다."

"당신도 나도 옛날에는 천재였다(웃음)."

D 박사는 장난기 어리게 웃었다. 다만, 이것은 계통적인 실험이 아니기 때문에 어디까지나 추측의 영역을 벗어나지 않는다고 한다.

만일, 그것이 정말이라면 무엇이 '초능력'을 잃게 하는 원인일까? 키우는 방법을 연구하면 '초능력'을 잃지 않고 오히려 강화시키는 것도 가능한 것일까?

이것을 조사하기 위해서는 유아기부터 충분한 훈련을 시행하고 능력이 발휘될 수 있는 환경을 정비하며, 몇십 년이나 걸리는 계속적인 연구가 필요하게 된다. 인간을 실험 대상으로 하기 위해서는 그 윤리성, 사회성도 커다란 논의의 대상이 된다. 또한 어떠한 훈련을 하고 어떠한 환경을 부여하면 능력이 신장되는가는 아직도 잘 모른다.

"세계의 어느 지방에서 초능력자가 대량으로 나오면 연구가 매우 진척되겠지만……."

——아, 아, 아.

라고 나는 생각하였다.

——진지한 과학자까지도 '뉴 타입'의 출현을 대망하고 있는 것인가!

옛날에 『기동전사(機動戰士) 건담』이라는 만화가 있었다. 거대한 로봇에 인간이 탑승해서 싸운다는 이야기는 쓸데없는 것이었으나 인류가 차츰 변화하여 '뉴 타입'이라고 불리는 '초능력자'들이 차례차례로 탄생된다고 하는 대목은 신선하였다.

인류의 장대(壯大)한 과거의 역사 속에서도 갑자기 직립(直立)해서 불을 사용하는 '신인류(新人類, New Type)'가 차례로 탄생하는 것과 같은 일이 몇 번인가 있었는지도 모른다.

| 가설 4 | 인간은 누구나 유아기에는 **초능력**이 있으나 대부분의 사람은 성장함에 따라 그것을 잃어간다(이부카, 시치다 외). |

3장
'기(氣)'라고 불리는 미지의 에너지

마치 인디아나 존스이다

그 도장에 한 걸음 발을 들여놓았더니 '콱' 숨 막히는 이상한 열기가 나를 에워쌌다.

원래 발레 연습장이었다고 하는 300㎡ 정도의 판자 마루 위에 제 나름대로의 모양을 한 연습생이 비좁은 듯이 떼 지어 모여 있다. 잡담을 하고 있는 사람도 있는가 하면 길게 드러누운 사람도 있고, 좌선(座禪)을 하는 것처럼 앉아서 명상에 잠겨 있는 사람이 있는가 하면 그중에는 일어서서 흔들흔들 괴상한 체조를 하는 사람도 있다.

어쩐지 기분이 나쁘다.

나의 마음속에 불안한 검은 그림자가 퍼질 무렵 D 박사가 트레이닝 웨어 차림으로 나타났다.

"……별로 나쁜 마술을 하려고 하는 것은 아니니까요……."

노(老) 박사는 나의 불안감을 눈치채고 웃었다. 이윽고 인스트럭터(Instructor)처럼 생각되는 인물이 들어오니 전원이 일제히 위의(威儀)를 바르게 하고 정좌(正座)하였다.

그로부터 1시간 인스트럭터의 지도하에 전원이 정말로 기묘한 체조를 계속하였다.

호흡은 무척 길어서 30초간 들이마시고 30초간 뱉는 느낌이다. 들이마실 때에도 내뱉을 때에도 전원이 씩씩하며 굉장한 소리를 낸다. 체조가 끝날 무렵이 되면 대부분의 사람이 땀에 흠뻑 젖어 있다. 바깥 기온이 그렇게 높은 것도 아니고 체조가 격렬한 운동이 아닌데도 그렇다.

"기(氣)*가 충만되어 오기 때문입니다."

D 박사가 땀을 닦으면서 작은 목소리로 가르쳐 주었다.

체조가 끝나더니 마침내 이 사숙(私塾)의 창시자인 니시노 고오조(西野晧三) 씨가 등장하였다. 내가 상상하고 있던 것보다 훨씬 몸집이 작고 여위었다. 하지만 나보다 키가 큰 것 같았다. 대학의 의학부를 중퇴하고 다카라즈카(寶塚) 음악학교의 발레 교사가 되어 니시노 발레단을 통솔하고 텔레비전 등에서 활약한 뒤 별안간 합기도(合氣道)나 중국권법(拳法)을 배우고 금세 숙달하여 사범이 되었다. 그러한 경험들을 살려서 '니시노류(流) 호흡법'(문헌 [14])을 고안해 냈다고 한다. 그 경력 때문에 나는 구름을 잡을 것 같은 덩치 큰 사나이를 상상하고 있었던 것이다.

그리고 나서 얼마 동안 이 도장에서 일어난 사건을 생각하면 마치 꿈을 꾸고 있는 것 같았다. 이 책에서 아무리 기술하여도 아마 독자들은 믿지 않을지도 모른다. 현장에 있었던 나 자신조차 마치 인디아나 존스의 영화를 관람하고 있는 기분이었고 단지 어리둥절하여 오로지 압도될 뿐이었다.

니시노 씨와 가볍게 두 손바닥을 맞댄 연습생이 굉장한 기세(氣勢)로 뒤로 바람과 같이 날아가 버리는 것이다. 10m 정도 뒤의 벽에는 다치지 않도록 매트를 붙여 놓았으나 많은 연습생은 그 매트에 심하게 부딪혀서는 다시 되튀어 이번에는 앞쪽으로 왈칵 뛰어나간다. 그것을 정지시키는 데는 인스트럭터 두 사람이 필요할 정도이다. '욱' 또는 '악' 소리를 지르는 사람도 많다. 그중에는 단지 뛰는 것뿐만 아니고 마룻바닥을 대굴대굴

---

* 기공법에서 말하는 '기(氣)'와 마찬가지의 개념을 요가에서는 '프라나', 또 라이히(7장)는 '오르곤 에너지'라 부르고 있다.

니시노 고오조 씨가 '기'를 발하면 '기'에 숙달된 사람도 뒤로 튕겨져 나간다

뒹굴고 있는 사람도 있고, '응' 하고 신음하면서 넘어져 잠시 동안 몸에 경련이 일어나 바동거리며 괴로워하고 있는 사람도 있었다. 도장은 그야말로 아수라장이다.

D 박사가 공중으로 튀어 올랐다

몇 사람째인가에 D 박사의 차례가 되었다. 마찬가지로 큰 소리를 지르며 전속력으로 뒤로 물러나서 매트에 부딪힌 뒤 꽝장한 기세로 앞으로 뛰기 시작하였다. 니시노 씨에게 충돌하는가 라고 생각한 순간 니시노 씨가 손을 쑥 내미니까 그 손에 닿은 것도 아닌데 D 박사는 또 큰 소리를 지르면서 뒷걸음질 치기 시작하였다.

그 움직임은 매우 격렬하고 매우 젊디젊으며 저 늙은 박사와 동일 인물이라고는 전혀 믿을 수 없었다.

"공중으로 튀어 오르고 있을 때에는 어떤 기분이었습니까?"

D 박사의 숨결이 가라앉는 것을 기다려서 나는 물어보았다.

"잘 모릅니다. 패닉(Panic) 상태와 비슷합니다. 그래도 끝나면 기력(氣力)이 무척 충만해 있어요."

그만큼 격렬한 운동을 하였음에도 불구하고 지친다는 일은 전혀 없고 오히려 원기 백배가 되는 것이라고 한다.

"단지 발바닥이 좀 아프지만요."

그리고 보면 뒤로 뛸 때도 앞으로 뛸 때도 꽝장한 기세로 마룻바닥을 탕 탕 힘껏 딛고 계셨다. 보통 자기 의사로 뛸 때와는 전연 다른 스타일이다.

"에잇" 하고 기합을 걸면 상대방이 쓰러지는 원격겨냥의 기술

니시노류 호흡법에서는 이 훈련을 '대기(對氣)'라 부르고 있다. 인간에게 원래 갖추어져 있는 '氣'(후술한다)를 교류시켜 강하게 하는 훈련이고 결코 사람을 날려버리는 것이 목적은 아니다. 물론 강한 사람이 약한 사람을 날려버리는 것이지만 이상하게도 완전 초심자는 대부분 튀어 오르지 않는다. 강하게 되면 될수록 격렬하게 튀어 오르게 된다고 한다.

"……그래서 호신술로는 우선 사용할 수 없다고 생각해요. 폭한에게 습격을 받았을 때는 말이지, 먼저 상대방에게 즉석 훈련을 시키지 않으면 효력을 발휘할 수 없는 것이니까요(큰 웃음)."

그렇지만 엄청난 에너지이다. 장사급 씨름꾼이 혼신(渾身)의 힘을 다한 손바닥으로 얼굴을 맞으면 보통 사람은 10m는 날아갈지도 모른다. 그래도 그것으로 끝일 것이다. 벽에서 되튀어 다시 앞으로 뛰어나가는 일은 없을 것이다.

게다가 니시노 씨의 경우는 혼신의 힘을 들인다는 것보다는 가볍게 손을 대는 것뿐이고 때로는 손이 닿지 않아도 연습생은 날아가 버린다.

——원격겨냥이다.

나는 소년 시절에 읽은 검호(劍豪) 소설을 회상하고 있었다. 멀리 떨어진 적에게 "에잇" 하고 기합을 걸면 적이 공중제비를 하여 쓰러진다는 것이다. 그런 것은 소설가가 재미있고 우습게 꾸며낸 묘기(妙技)라고 생각하고 있었으나 실은 정말로 존재하는 현상인지도 모른다.

1시간 반에 걸쳐서 '대기(對氣)'의 불가사의를 목격하고 그토록 회의적이었던 나도 상당히 생각이 바뀌었다. 그 엄청난 기세로 획 날아가거나 대굴대굴 뒹굴거나 하는 연습생들이 아무래도 연기를 하고 있다고는 생각되지 않는다. 트릭이나 협잡이라고도 생각되지 않는다. 그러나 우리들이 알고 있는 물리학에서는 기합을 건 것만으로 인간이 획 난다는 것은 있을 수 없다.

무언가 '뉴턴역학'으로는 설명할 수 없는 불가사의한 힘이 존재한다고 생각하는 편이 자연스럽다.

"그러한 것입니다."

메이지유신(明治維新)으로 잃은 것

D 박사는 큰 조끼에 든 맥주를 힘차게 마시고 나서 말하였다. 연습이 끝나면 몹시 목이 마르는 모양이다.

"메이지유신 전까지는 인간의 몸속에 기(氣)가 흐르고 있다는 것이 오히려 상식이었다고 생각하지요."

'기(氣)'라고 하는 것은 '동양철학'의 중심적인 역할을 담당하고 있고 몇천 년 전부터 그 존재는 오히려 명백한 것이었다. 『장자(莊子)』에 "기(氣)가 모이면 곧 생(生)이요, 기(氣)가 흩어지면 곧 죽음이니라"라는 표현이 있다. 우주에는 '기(氣)'라고 부르는 에너지가 충만해 있고 그것이 고밀도로 모이면 생명이 되고 확산되면 죽는다는 '우주 모델 생명관'을 보여주고 있다. 그 전제로 "우리들이 살고 있는 이 우주의 배후에 보이지 않는 또 하나의 우주가 존재한다"는 사상이 있다. 그 물질의 배후에 있는 에너지가 '기(氣)'이고 현성을 끊임없이 변화시키고 있는 잠재력이라는 것이다.

"아마 이러한 사상은 불교 전래 이전에 일본에 들어왔다고 생각합니다. 그래도 어쩌면 당시의 일본인은 그것을 순순히 받아들이지 않았는지도 모르지요."

일본어 중에 '기(氣)'라고 하는 문자는 정착되었으나 마음(氣)탓, 마음에 걸린다. 기(氣)분 등 심리의 기교(技巧)를 표현하는 숙어가 많다. 중국에서 말하는 확고한 잠재 에너지로서의 '氣'와 분명히 뉘앙스가 다른 것이다. 아마 당시의 일본인은 그 사상이 잘 이해가 되지 않고 그것이야말로 '마음(氣) 탓'이라고 생각하였는지도 모른다.

그러나 그 뒤 수백 년에 걸쳐서 불교, 유교, 도교 또는 한방의학 등이 일본 사회에 침투하여 '기(氣)' 사상은 서서히 상식화되어간 것일 것이다.

그런데 메이지유신으로 그것이 완전히 바뀐다. 서양 근대과학의 우수성에 놀란 일본의 지도층은 그것과 합치되지 않는 것은 모두 미신이라는 이름을 붙여서 사회적으로 매장시키려 하

인간의 신체에는 '기(氣)'가 흐르고 있다!

였다.

당시 지도층의 최대 관심사는 '부국강병(富國强兵)'이고 강국의 식민지가 되지 않고 독립국가로서 살아남기 위해서는 서구의 물질문명을 탐욕스럽게 받아들이는 것이 급선무였다. 그것에 방해가 된다고 생각되는 것을 모두 배제시키려고 하였다 해도 이상할 것은 없다.

이와 같이하여 동양사상이나 철학이 쇠퇴하고, 한방의학은 비합법이 되었으며, 유학(儒學) 등을 배우려는 사람이 거의 없어졌다. 대포나 군함을 만드는 데 직접적으로 쓸모 있는 학문이 중요시되어 일본은 군사 국가를 향해서 힘차게 돌진하여 갔다.

2차 세계대전 후 목표는 '부국강병'에서 '경제대국', '기술입국'으로 바뀌었으나 기본적인 분위기는 일절 바뀌지 않았다. 그리고 21세기를 맞이하기 전에 일본은 세계 최강의 경제대국으로 뛰어올라 갔다.

"얄궂게도 전후(戰後) 일본의 눈부신 약진을 지탱한 것은 민중의 마음 바닥에 흐르고 있는 유교정신이라고 지적하는 사람이 많이 있습니다."

한 나라의 백 본(Back Bone)이 되는 정신문화는 100년 정도의 세월로는 간단히 바뀌지 않을지도 모른다. 그런데도 몇 세대가 지나면 낡은 정신문화는 차츰 퇴색해 가고 새로운 사고방식이 지배적이 될 것이다.

"앞으로 100년 정도 지나면 일본은 메이지유신으로 무엇을 잃었는가라는 것이 논의되는 날이 올지도 모르지요. 그러나 그것이 틀림없이 논의된다면 일본은 무사태평하겠지만요."

과학자도 사람의 자식

화제가 엉뚱한 방향으로 빗나갔다. '대기'의 훈련 탓인지, 생맥주 탓인지 오늘 D 박사는 어느 때보다도 수다스럽다. 그는 틀림없이 근대과학을 수학한 과학자이지만 동시에 그 이상으로 '동양철학'에 몹시 심취해 있는 것 같다.

내가 보기에는 근대과학과 '동양철학'은 전적으로 모순돼 있는 것처럼 보이는데, 그는 양쪽 모두 진리에 접근해 있다고 한다.

1장의 표제인 '사이언스와 오컬트'에 또 하나 '동양철학'이 끼어들었다. 이야기는 점점 까다로워진다.

나는 '대기'의 연습 장면을 보고 몹시 감격하고 있었다. 저

만큼 명백한 '氣'의 존재를 근대과학은 왜 해명하려고 하지 않
는가.

"과학자라 할지라도 사람의 자식입니다."

나의 질문에 대한 D 박사의 대답은 뚱딴지같은 것이었다.

——설명은 계속된다.

과학자라 할지라도 취미나 도락(道樂)으로 연구하는 것은 아
니고 알맞은 연구기관에 근무하여 급료를 받지 않으면 생활할
수 없다. 결국 사회가 인정하고 세상이 주목하며 공학적 응용
이 기대되는 연구 테마를 선택하는 편이 취직 자리도 많고 급
료도 높으며 좋은 인생을 보낼 수 있는 것이다.

"일본에서 氣나 초능력 연구자에게 급료를 지불하는 연구기관은
거의 '제로'와 같겠지요."

진리의 탐구 등이라고 모양새 좋은 것을 말하여도 어차피 일
본은 경제동물(Economic Animal)의 나라인가.

——당치도 않은 이야기다!

나는 어쩐지 과학자라고 하는 인종이 지저분하게 보였다. 인
류의 장래를 위해서 횃불을 들고 미지에 도전하여 진리를 해명
해 주는 성자(聖者)와 같은 사람들이라고 생각했는데, 우리들과
마찬가지로 생활을 위해서 악착스럽게 일하는 샐러리맨과 같은
것인가.

'미신'이라는 이름이 붙여지고 터부시되는 연구 테마로부터
모두 슬금슬금 보신(保身)을 위해 도망쳐 버리는 것인가.

새벽녘은 가깝다

——"하, 하, 하……."

D 박사는 혼자서 분개하는 나를 보고 웃었다.

"이제부터는 바뀌겠지요."

근대과학과 동양철학. 일찍이 전혀 불상용(不相容)으로 생각되고 있던 사상 체계가 지금 바야흐로 융합하려 하고 있다. 19세기 후반에서 20세기 전반의 소위 근대과학이 약진한 시대에는 백인종의 유럽과 미국을 선진 문명권으로 하고 그 밖의 세계를 후진 문명권으로 구별하는 가치관이 존재하고 있었다. 메이지 유신 후 일본의 역사는 바로 그 가치관과 그에 저항하는 전통적인 가치관의 갈등이었다고 말할 수 있을 것이다.

이 무렵에 동양적인 사상의 심오(深奧)함에 흥미를 느끼고 마음이 끌린 서양의 과학자가 몇 사람 정도는 있었다. 그러나 학문 세계도 일반 세계도 그것을 받아들이는 풍조는 없었다.

최근에 와서 겨우 세상이 변화하여 왔다고 한다. 한 가지는 1960년대 히피족들이 모두 동양으로 가서 '선'이나 각종 명상법 등을 배우고 왔다. 30년이라는 세월의 경과와 함께 이것은 미국 사회에 정착되고 학문의 일부가 되어 갔다.

또 하나는 일본 등의 경제적 약진에 따라 '동양=후진 문명권'이라고 하는 도식(圖式)은 흔들리게 되었다. 구미의 학문 세계에서도 '동양철학'은 결코 터부(Taboo)가 아닌 게 되었다는 것이다.

"새벽녘은 가깝다고 생각해요."

D 박사는 상쾌하게 웃었다.

가설 5	우주에는 '기'라고 불리는 미지의 에너지가 충만해 있고 생명현상은 이것과 깊은 관계가 있다(동양철학).

4장
기공법의 수수께끼

신종의 요술인가?

"······저것은 기공법(문헌 [15]~[18])의 일종이지요."

D 박사는 아무렇지도 않은 듯이 말하였다. 니시노류 호흡법에 대한 것이다.

──'기공법'인가······.

나의 머리는 바쁘게 돌아가고 예전에 본 NHK의 프로그램을 상기시키고 있었다(1989년 1월 31일, 사이언스 Q, '초능력은 존재하는가──철저 해부·기공의 수수께끼').

손에서 나오는 '氣'에 의해서 촛불을 흔들리게 하거나 갓난아기 손발의 움직임을 멀리서 조종하거나 하는 단편적인 영상은 기억하고 있으나 어떤 신종의 요술을 보았다는 인상밖에는 남아 있지 않다.

"**기공법**이란 손을 뒤덮듯이 내밀어 병을 치료한다는 예의 그것입니까."

"그렇습니다. 그래도······한마디로 **기공법**이라 말해도······."

'기공법'의 역사는 오래되어서 아마 4000년 이상이 된다고 한다. 또 그 유파(流派)는 주요한 것만으로도 2000년은 넘는다고 일컬어지고 있고 훈련의 방법론이나 철학은 여러 갈래에 걸치고 있다.

태극권(太極拳)이나 선, 요가 등도 모두 '기공법'의 일종으로 간주할 수 있다(후술한다).

"나는 말이지요, 오히려 온갖 종교는 **기공법**이라고 생각하고 있어요."

종교와 기공법

오늘도 이야기는 까다롭다. 내가 보기에 분명히 D 박사는 '기공법'을 확대 해석하고 있다. 불교, 유교, 도교 따위의 동양계의 종교는 '기공법'과 어떤 관계가 있었다 하여도 이상하지 않다. 그래도 이슬람교나 그리스도교까지 '기공법'의 일종이라고 말한다면 신도들은 기분이 상하게 될 것이다. 참으로 조심성 없는 이야기가 아닐까.

"음. 조심성이 없나……그렇지만 너무나도 공통점이 많아요."

예컨대, 환자에게 손을 뒤덮듯이 내밀어 병을 치료한다는 것은 '의료기공(醫療氣功)'의 가장 일반적인 방법이다.

"그러한 견해로는 그리스도나 공해(空海, 弘法大師)가 매우 강력한 기공의 힘을 몸에 지니고 있었다고 생각할 수 있습니다. 적어도 그렇게 전승(傳承)되었습니다."

그리스도가 여러 병자(病者)나 신체에 장해가 있는 사람을 고쳤다는 것은 너무나도 유명한 전설이다. 치료 중의 상황을 전하는 회화(繪畵)가 많이 남겨져 있는데 '기공법'과 마찬가지로 손을 뒤덮듯이 내밀고 있는 것이 많다.

공해는 중국에서 밀교를 배우고 돌아온 뒤 일본 고래(古來)의 수행법과 혼합하여 독특한 훈련법을 발전시켰다. 그도 그리스도와 마찬가지로 여러 병자를 치료하였다고 전해지고 있다. 그 방법은 '진언밀교(眞言密敎)'의 가지기도(加持祈禱)로서 오늘날까지 전승되고 있는데 '의료기공'과 많은 공통점이 있다. 신흥 종교의 대부분은 안수 치료를 특기(特技)로 하고 있다.

"정말로 병이 낫는 것입니까?"

그것은 과학자로서는 잘 모르겠지만 그렇다고 함부로 말할 수는 없는 것이라고 D 박사는 말하였다.

"그래도 말이지요. 근대의학이 발달하기 전의 질병 치료는 대부분 기공법에 의존하고 있었지 않았습니까?"

데아테 기공법?

'데아테'*라는 말은 거기서부터 탄생되었다고 한다. 이것은 동양뿐만 아니고 세계 도처에서도 마찬가지이다. 영어로도 Hand Power Healing(손의 힘에 의한 치료)이라는 말이 있다. 만일, 전혀 효과가 없었다면 이렇게까지 보급되지는 않았을 것이라고 추정된다. 역으로 만일 안수 치료가 항상 효과가 뚜렷하다면 근대의학은 이만큼 발달하지 않았을지도 모른다. 손을 뒤덮듯이 내미는 것만으로 질병이 낫는다면 누구도 병원에 가거나 약을 복용하지는 않을 것이다.

아마도 기적적인 치료 효과를 올린 예도 있었을 것이고 전혀 효과가 없는 사례도 드물지 않았을 것이다. 특히 법률이나 자격 인정 제도가 있었던 것은 아니기 때문에 돌팔이 '기공사' 같은 종류는 진기하지도 않았을 것이다. 일정한 자격을 따면 누가 해도 일단의 치료 효과가 있는 '근대의학'과 비교하면 역시 위태롭다.

---

* 역자 주: 일본어로서 '손을 댄다'의 '데아테(手當)'에는 처치 또는 치료의 뜻이 있음

손을 뒤덮듯이 내미는 것은 기공법?

"그래도 종교의 목적이 안수 치료는 아니겠지요."

나는 모든 종교는 '기공법'이라고 하는 그의 정의(定義)에 대들었다.

"그야 그렇지만 기공법을 분류하면 질병의 치료나 건강법을 목적으로 하는 것, 무술(武術)을 목적으로 하는 것, 그리고 종교적 측면이 강한 것 등이지만……."

어느 것이든 어떤 종류의 종교색은 부정할 수 없다고 한다. 그것은 앞에서 말한 것처럼 "이 세상과는 별도로 눈에 보이지 않는 또 하나의 우주가 존재한다"라고 하는 '동양철학' 바로 그것이 매우 종교적이기 때문일 것이다.

'기공'의 훈련은 결코 질병의 치료나 무술이 최종 목적은 아니고 '눈에 보이지 않는 또 하나의 우주'와 자기 자신의 교류를 심화(深化)시켜 '일체감'을 증진시켜 가는 것을 가르치고 있다. 신체에서 발하는 '氣'를 강화시키는 것은 그를 위한 수단에 지나지 않는 것이다.

정신 면에서도 '기공'에서는 '무욕(無慾)', '구애받지 않음'이 올바른 '기'를 양성하는 데 가장 중요하다고 한다. 또 '욕(欲)'이나 '증오' 등을 없애고 아주 맑은 마음이 되는 것을 요구하고 있다.

본질적으로 종교가 가르치는 것과 아무런 변화는 없다.

"대부분의 종교에서는 '氣'라는 것을 말하고 있지 않습니다. 그래도 종교의 의식을 잘 살펴보면 놀랄 만큼 기공법의 훈련법과 공통점이 있습니다."

기도와 氣

예컨대, 불교에서도 그리스도교에서도 기도할 때에는 두 손을 합친다(합장). 이것은 명백히 기공법의 훈련과 일치하고 있다. 손바닥의 중앙에는 '노궁(勞宮)'이라 부르는 강력한 경혈(經穴)이 있다. 기공법에서 말하는 경혈은 신체와 외계(外界)와의 '기'의 출입구라고 가르치고 있고, 이 '노궁'은 기공사가 환자를 치료할 때 '외기(外氣)'를 발사하는 경혈로서 사용된다.

좌우의 '노궁'을 합친다는 것은 자기 자신의 신체에 '氣'를 순환시키기 위한 수법이라 일컬어지고 있다.

"가슴에 손을 대고 잘 생각해 보라"는 표현이 있다. 외국 영화에서도 손을 가슴에 대고 공손하게 가벼운 인사를 하는 장면이 흔히 있다.

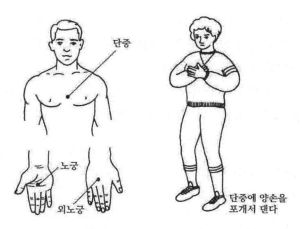

가슴에 손을 댄다는 것은?

양쪽 젖꼭지 사이에는 '단중(膻中)'이라 부르는 경혈이 있다. 여기는 '심기(心氣)가 머무는 왕성(王城)'이라 일컬어져서 정신적인 스트레스의 영향이 나타나기 쉬운 경혈이라고 한다. "가슴이 답답하다", "가슴이 멘다", "가슴이 설렌다", "가슴이 찡해진다", "가슴이 부풀다", "가슴이 아프다", "가슴이 두근거린다" 하는 것은 모두 이 부분을 말한다.

이 '단중'에 좌우의 손을 포갠다. 즉 양쪽의 '노궁'을 포갠다는 것은 '기공법' 중에서 자기 자신에게 하는 '데아테(手當=치료)'의 가장 기본적인 것 중 하나이다. 조금 훈련을 쌓은 사람이면 손바닥과 가슴이 점점 따듯해져서 얼음이 녹는 것처럼 가슴이 메는 것(답답한 것)이 없어지는 것을 실감할 수 있다(문헌 〔15〕).

종교에서 말하는 '기도'라고 하는 행위는 끝없는 **명상(瞑想)**에 가깝다. '기공법'에서는 오로지 명상만을 하는 훈련법을 '정공(靜功)'이라 부르고 있다. '좌선(坐禪)'은 그 전형이다.

78

매일 거르지 않고 '기도하는' 사람은 모르는 사이에 '기공'의 능력이 높아져 손을 뒤덮듯이 내미는 것만으로 질병을 치료할 수 있게 되었다고 해도 이상하지 않다.

'기공' 중에는 목소리를 내는 훈련법도 있다. 그렇다면 매일 경(經)을 읽는 스님이나 축문(祝文)을 읽는 신주(神主)는 실로 훌륭한 훈련을 하고 있는지도 모른다.

"그러면 가수나 성악가는 모두 기공사가 되어버려요(큰 웃음)."

종교의 역사적 역할

아무튼 일본에서도 서구에서도 근대의학이 발달하기 이전에는 질병의 원인은 '악령(惡靈)'이라고 생각하고 있었고 성직자가 치료를 하고 있던 사례가 많다. 천태종(天台宗)이나 진언종(眞言宗) 등의 밀교계의 불교에서는 이것을 가지기도(加持祈禱)라 부르고 있다. '기공'에서 말하는 '氣'를 가지력(加持力)이라든가 법력(法力)이라 부르고 있다. 아마 스님은 필사적으로 기도하고 손을 뒤덮듯이 내밀어 병자를 치료한 것으로 생각된다.

그리고 앞에서 말한 이유에 따라 일반 사람보다는 적어도 성직자 쪽이 '기공'의 힘은 위였다고도 생각되고 정신적인 효과도 합쳐서 상당한 치료 효과가 있었을 가능성이 크다.

"오히려 종교 쪽이 서서히 변화해 간 것은 아닙니까?"

지금도 미개지(未開地)에 가면 주술사(呪術師, 샤먼)가 관혼상제(冠婚喪祭)부터 출산(出産)이나 질병의 치료, 게다가 정치에 이르기까지 도맡아 관리하고 있는 일이 많다. 옛날에는 모든 종교가 그러한 역할을 담당하고 있었다고도 생각된다. 그렇다면 그 당시의 성직자는 지금보다도 더 '기공'의 능력이 높도록 요구되었고 밤낮으로 훈련에 힘쓰고 있었다고도 상상할 수 있다. 오늘날의 종교적인 의식이 '기공'의 훈련법과 서로 비슷한 것은 결코 우연은 아닐 것이다.

자발동(自發動)

신도(神道)에서는 예로부터 '진혼(鎭魂)'이라 부르는 현상이 있다. 이것은 합장(合掌)을 한 손에서 움직임이 시작되어 전신이 경련 상태가 되고 자기의 의사와는 관계없이 신체가 제멋대로 움직이는 것을 말한다. 무언가의 '영(靈)'(신)이 들리기 때문이라고도 일컬어지고 있고 '영동(靈動)'이라는 말도 사용된다.

많은 신흥 종교에서도 무녀(巫女)나 교조(敎祖)가 전신을 경련시켜 신이 들렸다고 말하는 일이 있다. '기공' 훈련을 하고 있으면 이 현상을 빈번히 경험한다. 자기의 의사와 관계없이 신체가 움직인다는 것 때문에 '자발동' 또는 '자발공(自發功)'이라든가 '자발동공(自發動功)'이라 부르고 있다. 많은 유파가 이 현상을 훈련에 적극적으로 채용하고 있다(유파에 따라서는 '자발동'을 피하도록 지도하고 있는 것도 있다).

왜 이러한 현상이 일어나는지에 대한 설명은 유파에 따라 다르나 대강 신체 부분의 긴장을 푸는 정도의 불균형에서 생긴다고 하고 있다.

'기공법'의 훈련은 신체와 정신을 철저하게 이완시킨다. 그렇게 하면 신체 속의 '氣'의 순환이 좋아지고 신체 밖으로 '기'를 발사할 수 있게 되어 우주를 충만시키고 있는 '氣'와 교류할 수

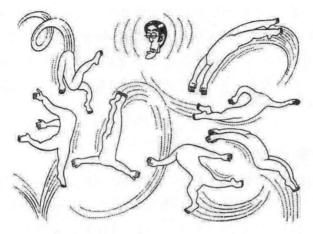

기공에서는 자기의 의사와는 관계없이 신체가 움직인다(자발동)

있게 된다고 가르치고 있다.

'기공법'에서는 신체를 이완시키는 것을 '방송(放松)'이라 부른다. 이것은 단순한 이완을 의미하는 것은 아니다. 서 있어도 앉아 있어도 자세는 바르고, 그러면서도 어디에든 여분의 힘이 들어가 있지 않고 몸 전체가 이완되어 조화가 잡힌 상태를 가리킨다.

이것은 일상생활에서의 릴랙스(Relax)와는 전혀 다른 경지(境地)이고 온갖 수단을 사용해서 철저하게 신체를 이완시킬 필요가 있다.

그 도중 단계에서 이완된 부분과 아직 이완되지 않은 부분의 불균형이 운동을 일으킨다고 설명하고 있다. 그리고 이 운동에 의해서 아직 이완되지 않은 부분이 이완되어 간다. 따라서 '방송'에 있어서 이 '자발동'은 중요한 것이라고 말한다.

"우리들도 잠이 막 들었을 무렵 몸의 일부가 실룩실룩 진동하는 일이 있지요. 그것도 자발동의 일종이 아닌가라고 생각합니다."

그 증거로 그 뒤는 신체도 정신도 매우 상태가 좋아진다고 D 박사는 말한다.

질병의 원인

'기공법'에서는 질병의 원인을 스트레스에 의한 부분적인 긴장의 고정적인 축적이라 설명하고 있다. 즉, 정신적인 스트레스로 내장이나 근육이 굳어져 '氣'의 흐름이 나빠짐으로써 질병이 생긴다고 생각하고 있다. '기공' 훈련을 하고 있으면 이 질병의 원인이 되는 부분적 긴장에 의해서도 '자발동'을 일으킨다. 그리고 이 '자발동'은 그 부분의 긴장을 이완시키는 방향으로 작용하기 때문에 질병 치료에 도움이 된다고 설명하고 있다(유파에 따른다).

"정신적인 스트레스가 신체의 부분적 긴장 축적이나 근막(筋膜)의 유착(癒着)으로 연결된다고 하는 것은 근대의학에서도 일컬어지고 있습니다."*

모든 질병의 원인을 그것으로 설명하는 것은 약간 무리일지 모르나 '기공법'이라는 것은 '근대과학의 방법론'에 기초를 두고 있지 않음에도 불구하고 생각보다 과학적인 부분이 있다.

이 '자발동'을 채용한 민간요법이나 건강법은 수를 셀 수 없을 만큼 존재한다. 유명한 것으로는 명치시대 말에 다나카 모

---

* 근막의 유착을 물리적으로 제거함으로써 정신적인 스트레스를 경감시키는 치료법(Rolfing)이 미국을 중심으로 성행하고 있다.

리히라(田中守平)에 의해서 고안된 '영자술(靈子術)', '태령도(太靈道)', 노구치 하루지카(野口晴哉)가 고안한 '노구치정체(활원운동(活元運動))', 그 밖에 '영동법(靈動法)', '생기자료법(生氣自療法)', '자연양능유기법(自然良能誘起法)' 등 하나하나 셀 수 없을 만큼 많다.

이들의 대부분은 중국에서 발달한 '기공법'의 수법을 받아들였다는 것보다는 독자적으로 마찬가지 현상을 발견하여 방법론을 발전시켜 갔다고 생각된다.

그렇다고 하는 것은 인류의 역사와 더불어 세계 속에서 별의 수만큼 많은 사람들이 제각기 이 현상을 발견하여 훈련법을 개발했다고 상상할 수 있다.

그 대부분이 창시자로부터 몇 세대도 전승되지 않고 없어져 간 것에 반해서 중국의 '기공법'은 4000년의 세월에 걸쳐 전승되고 육성되어 왔다.

기공법의 역사

'기공법'은 문자가 발명되기 이전에도 번성하였을 가능성도 있고 신석기 시대의 채색토기(彩色土器)에 '기공법' 훈련을 하고 있는 것과 같은 인물이 그려져 있다.

문자로 적혀 있는 것으로는 진(秦)나라 시대의 『여씨춘추(呂氏春秋)』에 당요(唐堯) 시대에 일종의 무용에 의해서 질병을 치료하였다는 기록이 있다.

'기공법'의 동공(몸을 움직여서 훈련하는 방법)에는 '춤'의 성격이 있다. 천지(天地) 사이에 자기의 감정을 버리고 겸허하고 순수한 마음을 가지고 손발을 흩날린다는 것으로 심신을 조정하는 방법은 아마 옛날에는 종교적인 의미도 갖고 있었을 것이다.

"그러한 의미에서 최근 같으면 매일 밤 디스코 춤을 추고 있는 사람은 절호의 기공의 훈련이 될지도 모르지(큰 웃음)."

또는 시험공부로 어깨가 뻐근한 사람보다도 매일 밤 디스코로 열심히 놀고 있는 사람이 심신이 건강하고 능력도 높아지고 있을 수 있다.

중국의 전국시대(기원전 400~200)에는 오늘날의 '기공법'에서 한창 사용되고 있는 호흡법이나 발성(發聲)에 의하여 내장(內藏)을 자극하는 방법, 스트레치(Stretch)의 방법이 기술되어 있다. 그 이후의 중국 문서를 읽을 때에는 오히려 '기공법'을 상식으로 알고 있지 않으면 이해가 어려운 것이 많다.

다만, 각양각색의 유파 훈련법을 총칭해서 '기공법'이라 부르게 된 것은 비교적 새롭다. 1953년 중국에서 최초의 '기공' 전문기관인 '당산(唐山) 기공요양소'가 생겼는데, 그 지도자인 유귀진(劉貴珍)이 최초로 그 명칭을 불렀다고 한다.

'氣功'의 공(功)이라고 하는 것은 노력해서 쌓아 올려간다는 의미이다. 홍콩 영화에서 '쿵후'라고 하는 말이 흔히 사용되는데 한자로는 '功夫'라고 쓴다. 결코 권법(拳法)만을 가리키는 것이 아니고 오랜 세월 끊임없는 훈련에 의하여 '기공법'의 한층 높은 경지에 이른 사람을 가리킨다.

무술로서의 기공

중국 무술의 대부분은 다소간에 '기공'과 어떤 관계가 있다. 소림권(小林拳), 장권(長拳), 팔괘장(八卦掌), 형의권(形意券), 태극권

84

(太極拳) 등의 모든 권법이 단순한 무술의 향상뿐만 아니고 몸을
단련하고 건강을 증진하며 정신을 높인다는 목적을 가지고 있
다. 즉, '기'의 훈련에 중점을 두고 있다.

특히 태극권은 일본에서도 50만 명이 넘는 애호가가 있다고
하며 세계적으로 유행되는 건강법이라 할 수 있다.

"불난 집의 엄청난 힘이라는 것이 있지 않습니까?"

허리가 구부러진 할머니가 정신이 들고 나니 장롱을 운반하
고 있었다는 등의 이야기가 흔히 있다. '나를 잊은' 상태가 되
면 인간은 굉장한 일을 해치운다. 생각해 보면 불가사의한 일
이다.

무술가(武術家)로서 이러한 '나를 잊은' 힘을 자유자재로 끄집
어낼 수 있다면 굉장하다. 그래서 '기공'으로 훈련을 한다. 이
것을 '무술기공', '무공(武功)', '경기공(硬氣功)' 등이라 부른다.

그중에는 태극권처럼 노인이나 어린이도 실행할 수 있는 것
도 있으나 목숨과 관계되는 하드 트레이닝(Hard Training)을 하
는 것도 있다. 그 결과 대단한 힘이 몸에 붙게 되고 지름 5㎝
나 되는 철봉을 굽히거나 돌을 부수는 등 보통 사람으로서는
생각할 수 없는 것이 가능해진다. 다만, 이러한 힘을 몸에 지녔
다고 해서 오늘날에는 먹고살 수 없고 거리의 연예인으로 생활
하고 있는 사람이 많이 있다.

텔레비전 등에서는 이러한 사람이 소개되는 일이 많기 때문
에 '기공'이라고 하는 것은 거리에서 하는 연예나 요술 따위로
생각하고 있는 사람이 많다. 이것도 '기공'의 일종에는 틀림없
는 것이나 보다 정신적으로 깊은 경지를 추구하는 쪽이 많다.

석가(釋迦)의 수행(修行)

하드 트레이닝의 원조라고 하면 석가가 유명하다. 출가(出家) 해서 산에 틀어박혀 6년 동안 말로 표현할 수 없는 고행(苦行) 에 힘썼다고 한다. 동료가 있었다고 전해진다. 당시에 그러한 훈련이 한창 시행되고 있었는지도 모른다.

그리고 어느 날 금방 숨이 넘어갈 듯한 상태로 마을에 내려 와서 젊은 아가씨에게 산양 젖을 얻어 마시고 목숨을 건졌다고 한다. 그 뒤로 고행을 그만두고 오로지 명상법에 의하여 오도 (悟道)하여 갔다.

전반(前半)의 고행은 소승불교(小乘佛敎) 계통의 밀교나 산복(山 伏, 산에서 기거하며 수행하는 중) 또는 라마교나 힌두교의 일부에 계승되었다. 후반(後半)의 명상법은 인도, 티베트, 네팔 등에서 오늘날에 이르기까지 한창 시행되고 있으며 요가(Yoga)나 좌선 (座禪)으로도 전승되고 있다.

아무튼 틀림없는 '기공법'이라 해도 좋다. 다만, 불교에서 훈 련의 목적은 '불난 집의 엄청난 힘'을 발휘하는 것은 아니다. '명심견성(明心見性)'—즉 마음을 거울처럼 밝게 하여 흐림을 없 앰으로써 만물의 성(性), 즉 우주의 법칙을 깨닫고 자기 속의 '불성(佛性)'을 발견해 가는 것을 가르치고 있다.

신선이 안개를 먹고 산다

도교, 유교 등의 교의(敎義)는 불교와 다르지만 한층 높은 정 신적 수준을 지향하고 있는 것에는 변함이 없다. 노자(老子), 장 자(莊子), 공자(孔子), 주자(朱子) 등 어느 사람이나 오늘날 말하는 '기공법' 훈련을 하고 있었던 것 같다.

안개를 먹는 신선은 우주에 충만한 '기'를 거두어들이고 있었다!

특히 주자는 독특한 호흡법을 고안해 내거나 질병의 치료도 하고 있어 분명히 '기공사'로서의 측면을 갖고 있었다.

도교라는 것은 노자, 장자 이전부터 민간 종교로 존재하고 있었고, 상당한 고행을 포함하는 각종의 '기공법'이 전승되고 있다.

"신선이 안개를 먹고 살아간다는 것은 아무래도 노·장 이전의 도교의 가르침인 것 같습니다."

'기공법'의 훈련을 거듭하면 음식물을 섭취하지 않아도 우주에 충만해 있는 '氣'를 신체에 거두어들여 생명을 유지할 수 있다는 사상이다. 사실상 '기공사'가 외부에서 '氣'를 보급해 주면 단식(斷食) 기간이 연장된다고 한다. 이에 관해서는 계통적인 실험이 극히 최근에 시작되었다.

"옛날에는 불로불사(不老不死)를 지향한 훈련 때문에 반대로 목숨을 잃었다는 예가 얼마든지 있었겠지요."

장자는 오히려 신선 사상에 반대하고 있고 "장수(長壽)하자"라는 '욕심'이나 '마음의 구애됨'은 좋지 않다고 말하고 있다. 오히려 언제 죽어도 할 수 없다는 것에 참된 정신의 릴랙스가 있고, 우주와 일체가 될 수 있다고 설명하고 있다.

'종교기공'이라는 것은 이와 같이 여러 가지 사상이 있으나 한결같이 마음의 컨트롤(조절)이라는 것에 집중하고 있다. 어떤 의미에서는 잠재의식이나 무의식의 수수께끼가 조금씩 해명된 근대정신의학 이상의 축적이 있는지도 모른다.

의료기공(醫療氣功)

앞에서 말한 것처럼 고대에서는 종교와 의료가 혼연일체가 되어 있었고, 중국의 경우에는 거기에다 정신의학도 혼합되어 있었다고 생각된다. '의료기공'은 또한 한방의학의 일부이고 역학(易學)이 그 기초로 되어 있다.

기원전 400~200년 중국의 전국시대에 가장 오래된 의학서라 일컬어지는 『황제내경(黃帝內徑)』이라는 저술이 있는데, 그 안에 '도인안교(導引按蹻)'에 관한 기술이 있다. '도인안교'라는 것은 '기공법'의 한 흐름이고 신체를 굽히거나 펴고, 쓰다듬거나 두들기거나 해서 '기'의 흐름을 좋게 하는 방법이다.

또한 이 책에는 이러한 기술도 있다.

──염담(恬惔)하고 허무(虛無)하면 진기(眞氣: 참된 기)는 이에 따른다. 정신을 내수(內守)하면 어찌 병이 생기는 일이 있겠는가.

　염담이라고 하는 것은 사물에 집착하지 않고 욕심이 없는 조용한 모양, 허무라고 하는 것은 "욕심이 없다", "지금 있는 그대로 자기를 받아들인다"라고 하는 상태이다. 그러한 정신 상태가 되면 '氣'가 몸속을 바르게 순환하여 병이 생기지 않는다는 의미이다.

　그러나 우리들 인간은 간단하게 '욕심'을 버릴 수 없다. 또한 외부에는 얼마든지 스트레스의 요인이 있다. 그러한 것들에 의하여 '氣'의 순환이 나빠지는 것을 방지하기 위해서 각종 '기공법'을 행하고 또는 침구(鍼灸)를 하거나 한방약을 복용하거나 한다. 신체 속을 흐르는 '기'를 '내기(內氣)'라 한다. 자기 자신이 내기의 흐름을 좋게 하는 것을 '내기공(內氣功)', 신체의 외측에 '기'를 발사하여 치료하는 것을 '외기공(外氣功)'이라 한다.

기공법의 분류

　〈그림 4-1〉에 '기공법'의 분류를 보인다. 힌두교, 요가 등은 점선으로 연결시켰다. 이것들을 일반적으로 '기공법'의 일종으로 분류하는 것은 상당히 무리가 있는 것이나 정신적 경지나 훈련법 등이 극히 '기공법'과 닮았다는 것은 주목할 만한 가치가 있다.

　특히 '요가'는 이론 체계나 훈련법의 세부 사항, 위험 방지주의 등 극히 잘 정비되어 있고 세계의 애호가 수는 수백만 명이 넘었다고 한다.

　"혹시 말이죠, 불교가 그랬던 것처럼 모든 뿌리는 인도 근방인지도 모릅니다."

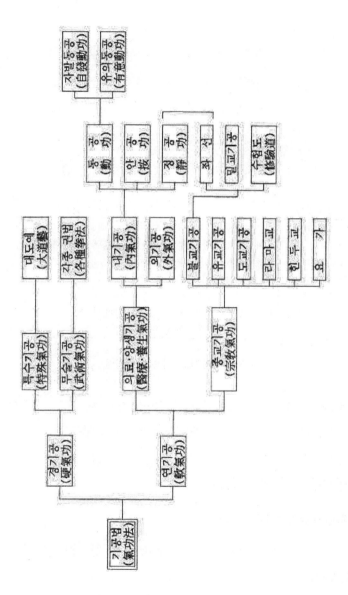

〈그림 4-1〉 기공법의 분류

90

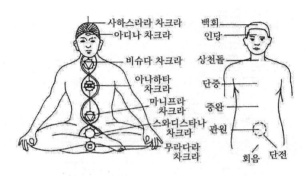

차크라(요가)	위 치	대응하는 경혈과 신경총(叢)·분비선	
(1) 사하스라라	두정(頭頂)	백 회	대뇌피질
(2) 아디나	미간(眉間)	인 당	송과선(松果腺)과 시상하부
(3) 비슈다	인후(咽喉)	상천돌	갑상선
(4) 아나하타	심장(心臟)	단 중	심장신경총
(5) 마니프라	위(胃)	중 완	복강신경총
(6) 스와디스타나	배꼽 밑(臍下)	관 원	비뇨생식기계 신경총
(7) 무라다라	미골(尾骨)	회 음	미골신경총

요가의 차크라와 대응하는 경혈

그렇다면 '요가'가 '기공법'의 일종인 것은 아니고 '기공법'을 '요가'의 일종으로 분류하는 편이 올바를지도 모른다.

기공법은 위험한 수행법

"훈련의 위험성이라고 하면?"

나는 D 박사가 '요가' 설명 중에 무심코 한 말이 몹시 마음에 걸렸다.

"아아……."

그는 급히 앉은 자세를 바르게 하고 정색하였다.

"소위 고행이 위험한 것은 당연하지만 실은 명상법, 호흡법, 좌선 등 극히 보통의 수행법도 하는 방법을 잘못하면 매우 위험한 것입 니다."

옛날부터 폐인(廢人)이 되거나 정신병 환자가 된 예는 수없이 많이 보고되어 있다. 그래서 이러한 종류의 동양적 수행법은 반드시 정확한 지도법으로 확실한 지도자에게 충분히 주의하여 실행해야 한다.

정신 면에서의 지도나 계율(戒律)이 확실한 전통적인 종교라 면 비교적 안전할 것이다. 또한 오랜 세월의 도태(淘汰)에 견디 면서 지도법이 연구되어온 '기공법'이나 '요가'의 흐름을 이어 받은 방법이라면 권장할 수 있다. 신흥 종교 중에는 위험한 것 이 많이 있을 것이다. 이러한 위험성을 언급하지 않고 수행법 만을 해설한 '기공법'이나 '요가', '초능력'의 책은 주의를 요한 다. 흥미 본위의 저속한 책을 보고 독습(獨習)한다는 것은 당치 도 않다.

"어째서 위험한 것입니까?"

나는 등골이 오싹해졌다. 정신병이나 폐인이라는 것이 온당 한 이야기는 아니다.

"……예를 이야기합시다."

D 박사는 나의 질문에 직접 대답하는 대신에 차분한 어조로 이야기를 시작하였다.

에도(江戶) 시대의 하쿠인(白隱慧鶴, 1685~1768)이라고 하면 임제종(臨濟宗)을 부흥시키고 하쿠인선(白隱禪)이라 부르는 좌선의 큰 흐름을 확립한 사람으로서 잘 알려져 있다.

하쿠인은 열심히 좌선을 수행하였으나 훈련 방법이 나빴던 것 같아서 심한 '선병(禪病)'에 걸렸다. 1757년 발행된 그의 저서 『야선한화(夜船閑話)』에 그 부분에 대한 상세한 기술이 있다.

"심화역상(心火逆上)하고 폐금(肺金)은 초고(蕉枯)하여 양발은 얼음과 같고 귀울림이 심하며 간담(肝膽)은 취약해지고 언제나 두려워하고 지쳐 빠졌으며 환각(幻覺)에 못 견디고 겨드랑이 밑은 언제나 진땀, 두 눈엔 언제나 눈물……."

오늘날로 말하면 강도의 심신증(心身症), 노이로제 또는 원인불명의 난병(難病)으로서 검사가 반복될지도 모른다. 하쿠인이 30세 전후 때의 일이다.

이때 그는 백유자(白幽子)라는 이름의 신선을 만나 '연수(軟酥)의 법'이라 불리는 내관법(內觀法)의 가르침을 받았다.

색깔도 향기도 좋은 청정(淸淨)한 크림 상태의 큰 달걀이 머리 위에 있다는 것을 우선 상상하고 그것이 점점 몸 전체에 흘러서 침투해 간다는 이미지를 머릿속에서 반복한다. 이 방법에 의해서 그의 '선병'은 완쾌되었을 뿐만 아니라 이 방법이 다른 사람의 '선병'이나 여러 가지 질병 치료에 효과가 있었다고 기술되어 있다. 다만, 이것으로 온갖 '선병'이 치유되는 것은 아니고 구조할 수 없었던 수행자의 정신적인 마음가짐 등도 언급하고 있다.

이것으로 보아 당시 좌선의 수행자에게는 '선병'이 상당히 일반적인 것이었고, 그중에는 치유되지 않고 평생 계속해서 고생

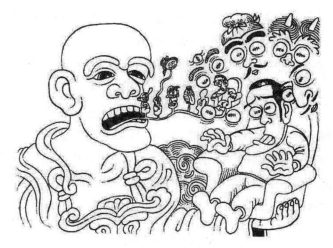

기공법의 편차란?

한 사람도 많았다고 추정된다.

'기공법'에서는 훈련에 의해서 생기는 장해(障害)를 '편차(偏差)'라 총칭한다. 그 증상은 매우 폭넓어 간단한 분류는 어려우나 그 주된 것은 다음과 같다.

⑴ 심신증, 자율신경실조증, 노이로제류에 속하는 것
⑵ '자발동'이 항상 발생하여 신체의 움직임이 제어 불능(制御不能)이 되는 것
⑶ '氣'가 체내를 순환하는 감각이 격렬하거나 반대로 '氣'가 정체된 것처럼 생각되어 견딜 수 없게 되는 것
⑷ 환각, 환청, 환시류. 천상계(天上界)의 사람이나 역사상의 성인(聖人), 또는 사자(死者)와 만나서 회화를 나눈다. 반대로 지옥의 요괴나 도깨비, 악마와 딱 마주쳐서 무서운 꼴

을 당한다(선에서는 이 상태를 마경(魔境)에 들어간다고 한다). 극단적인 경우에는 명령적인 환각이나 환청에 따라서 다른 사람이나 자신을 상해(傷害)하거나 물건을 파괴하기도 한다.

선에서는 수행이 진행됨에 따라 몇 가지의 큰 '깨달음'과 무수히 작은 '깨달음'〔대오(大悟) 18회, 소오(小悟)는 그 수를 알 수 없다〕을 통과해야 한다고 가르치고 있고 마경도 그 과정의 하나라고 한다.

"이렇게 말하면 불교 신자로부터 야단을 맞을 것 같습니다만……."

D 박사는 달마대사(達磨大師)도 '선병'의 희생자가 아닌가라고 말한다.

"나도 전문가는 아니기 때문에 잘은 모릅니다만……."

결국 명상법이라는 것은 '자기최면(自己催眠)'일 것이라고 말한다. '자기최면 상태'라는 것은 매우 기분이 좋기 때문에 주의하지 않으면 중독되어 버린다. 발이 썩을 때까지 좌선을 계속한다는 것은 중독으로부터 빠져나오지 못하게 된 것이라고 생각하는 편이 자연스러울 것이다. 발이 썩을 정도로 좌선에 중독된다 해도 그 좌선으로 오도(悟道)를 하면 발의 희생도 보답되겠으나 오도를 하지 못하는 보통 사람은 차라리 중독이 되지 않도록 좌선을 하지 않는 것이 낫다.

또한 최면 상태라는 것은 '무의식(Unconsciousness, 6장 참조)'이 무방비 상태로 노출되어 있어 암시를 받기 쉽다. 좋은 방향으로 암시를 이용하면 여러 가지 질병 치료에 우수한 효과를 발휘하지만 자칫하면 터무니없는 결과가 된다는 것은 잘 알려져 있다.

깊은 최면 상태에서 "자, 당신의 손은 이제 책상에서 떨어지지 않습니다"라고 암시를 걸면 피험자(被驗者)가 아무리 노력해도 정말 손을 책상에서 뗄 수 없게 된다. 보통의 최면술에서는 "이제 책상에서 손이 떨어져요"라는 암시에 의해서 앞의 암시의 영향을 없앤 다음 최면술을 푸는 것이 상식이다.

그런데 비전문가가 반 장난으로 하고 있는 최면술은 이러한 룰을 모르고 암시를 건 채로 최면술을 풀어버리는 일이 있다. 그렇게 하면 피험자는 책상을 볼 때마다 위화감이나 공포감을 느끼게 되고 심한 경우에는 강도(强度)의 노이로제에 빠져버린다. 아무것도 모르고 최면술을 사용하거나 자기최면에 들어가는 것은 매우 위험하다.

무의식과 일체(一體)가 된다

심층심리학이라는 학문 분야를 수립한 융(6장 참조)은 스스로 명상법을 실천함과 동시에 생애에 걸쳐서 '요가'나 『역경』 등의 동양철학을 연구하였다. 그는 요가에 관한 세미나를 몇 번이나 하고 있는데 '요가' 수행의 위험 선에 대해서 이렇게 이야기하고 있다.

──인간이 '무의식을 경험하는 것은 정말 훌륭한 것이나 거기에 하나의 큰 난관이 가로막고 있다. 그것은 사람이 '무의식'과 일체화되어 어리석게 되어 버린다는 것이다. 요가의 수행이 진행되어 '무의식' 속 신(神)들의 배아(胚芽 : 쿤달리니 요가에서는

잠자고 있는 **성스러운 뱀이라고 한다**)가 싹트면 사람은 여러 가지 불가사의한 체험을 한다.

이러한 체험을 자기와 일체화하는 것을 피하여 마치 **인간 영역의 외측**에 있는 것처럼 취급하는 것이 현명하다. 만일 동일화되면 즉각 불유쾌한 결과가 생길 것이다. 당신은 **영혼의 팽창** 〔Inflation : 일종의 엑스터시(Ecstasy)적 앙양 상태〕에 빠져 전적으로 다른 길을 가게 될 것이다. 팽창이라고 하는 것은 틀림없이 작은 형태의 광기(狂氣), 광기가 완화된 형태이다. 그리고 만일 당신이 완전한 팽창 상태까지 타오르면 **정신분열증**이 된다(융, 문헌 〔35〕 2).

이것은 아마 융 자신의 경험을 이야기하고 있다고 생각된다 (6장 참조).

수행 도중에 옛 성인이나 천계(天界)의 인물, 신이나 부처의 환각이 나타나 회화를 나누거나 하는 일은 흔히 있다. 이때 자신이 '오도(吾道)'를 했다고 착각하여 춤추듯이 좋아해 버리면 위험하다고 말하고 있다. 물론 융의 경우에는 자기 자신이 정신분석 의사였기 때문에 냉정하게 잘 대처할 수 있었을 것이다. 그렇지 않았다면 매우 위험하였을 것이다. 절대로 융과 같은 자기류의 '요가' 수행 등은 삼가야 할 것이다(6장).

편차의 원인

한편 '기공법'에서는 '편차'의 원인을 다음과 같이 설명하고 있다(유파에 따라서 다르다).

인간은 원래 매우 강력한 '氣'의 힘을 간직하고 있지만 통상

영혼이 팽창하면 환각이 나타난다

적으로는 억압되어 있다. '명상법'이나 '호흡법'은 이 '氣'의 힘
을 해방시키기 위해서는 절호의 훈련이지만 심신의 '준비'가 불
충분할 때 강력한 '氣'를 사용하면 장해가 생긴다.

'준비'의 하나는 신체를 릴랙스시키는 것이고, 이것이 되기
전에 '氣'를 강하게 하여서는 안 된다. 또 하나는 마음가짐이고
욕망이나 증오나 혐오감을 제거하여 '구애받지 않는', '순수한'
정신 상태가 되지 않으면 '편차'가 생기기 쉽다고 한다.

"이것은 나의 상상이지만 자기최면에 들어갔을 때 욕망이나 증오
등의 구애되는 마음이 있으면 그것이 무의식에 정착되어 나쁜 영
향을 줄 가능성이 있는 것은 아닌가라고 생각합니다."

'기공법' 훈련을 하여 '초능력'을 익혀서 한밑천 잡자 등의
배포가 큰 생각을 하면 매우 위험하다는 것이다.

"기공법을 하면 초능력이 몸에 배는 것입니까?"

만일, 그렇다면 나도 꼭 훈련을 해 보고 싶다.

……에헤헤.

라고 D 박사는 웃었다. 내가 한밑천 잡으려고 생각한 것은 뻔하다는 것이다.

'근대과학의 방법론'에 비추어서 말하면 '氣'의 훈련과 '초능력'과의 관계는 아무것도 증명되어 있지 않다. 그러나 중국에서는 옛날부터 '기공법'이 숙달된 사람은 '초능력'을 발휘하게 된다고 일컬어 왔다. 하여튼 손을 뒤덮듯이 내미는 것만으로 사람의 병이 치유된다면 그것 자체가 '초능력'이라 말해도 지나친 말은 아니다.

가설 6	인간은 적절한 훈련에 의해서 체내 '氣'의 흐름을 강하게 하거나 체외로 발사하는 '氣'의 에너지를 보다 강력하게 할 수 있다(기공법 등).

가설 7	일반적으로 인간은 '氣'의 에너지가 강해지면 '초능력'도 높아진다(기공법 등).

5장
태동하는 뉴 사이언스

정신세계와 과학

1984년 11월 6~10일에 걸쳐 쓰쿠바(筑波)대학에서 과학 역사의 한 페이지를 장식하는 기념할 만한 심포지엄이 열렸다. 주최자는 쓰쿠바대학과 프랑스 국영문화방송이고 타이틀은 '과학·기술과 정신세계—동양과 서양의 대화'였다.

참가자는 일본, 프랑스, 미국, 영국, 벨기에, 칠레, 이란, 인도 등에서 온 사람들(약 40명)이었다. 모두 고명한 물리학자, 천문학자, 심리학자, 종교가, 철학자 또는 무술(武術)가이고 5일간의 격렬한 토의 내용은 5권의 귀중한 책에 수록되어 있다(문헌 [19]~[23]).

상세한 것은 문헌에 맡기기로 하고 여기서는 두 가지로 압축해서 소개한다.

그 하나는 '뉴 사이언스'라 부르는 과학의 새로운 흐름이고 또 하나는 융 등의 제창으로 시작된 새로운 '심층심리학'의 발전이다.

'뉴 사이언스'(바르게는 뉴 에이지 사이언스 = 신시대의 과학)는 1970년부터 미국을 중심으로 제창되고 있고 동양철학이나 신비 체험을 긍정(肯定)하여 그것들과 과학은 모순되지 않는다는 입장을 취하고 있다.

그 뿌리를 캐면 아마 '아인슈타인-보어 논쟁'으로까지 거슬러 올라가야 할 것이다.

양자역학 논쟁

아인슈타인이 '일반상대성이론'을 제창한 것은 1915년. 11년 뒤인 1926년 독일 과학자 하이젠베르크(Werner Heisenberg)가

하이젠베르크

'불확정성 원리'를 완성시켰다.

  테니스공이라면 현재의 위치와 속도를 알면 다음 순간의 위치와 속도를 확정적으로 예측할 수 있다. 이것은 '뉴턴역학'의 범주이다. 가령 속도가 광속(光速)에 접근해서 '뉴턴역학'을 적용할 수 없게 되어도 '일반상대성이론'이 매우 엄밀한 해답을 준다.

  그런데 극미(極微)의 세계, 예컨대 원자 중 전자(電子)의 행동에는 이 이론이 전혀 들어맞지 않는다. 현재 입자(粒子)의 위치도 속도도 모르는 것이다. 위치를 정확히 알려고 하면 속도가 불명이 되고 그 반대도 마찬가지다.

  하이젠베르크는 입자 위치의 불확정성과 속도의 불확정성, 그리고 입자의 질량을 곱한 양이 플랑크 상수(常數)라 불리는 일정한 값보다 작게 할 수 없음을 수학적으로 증명하였다.

  이미 입자는 테니스공처럼 위치나 속도를 가진 존재라고 생각할 수 없게 되고 그 대신에 위치와 속도의 결합인 '양자상태

(量子狀態)'를 갖는 것이다. 이것은 입자의 성질과 파동의 성질을 겸비한 존재라 해도 좋다.

이와 같이하여 '불확정성 원리'에 기초를 두고 종전의 역학은 발본적(拔本的)으로 다시 정식화되어 확률 통계론에 의한 '양자역학'이 탄생하였다.

1920년대 후반의 일이고 하이젠베르크 외에 슈뢰딩거(Erwin Schrödinger), 디랙(Paul Dirac, 1902~1984) 등이 공헌하였다.

이 '양자역학'은 여러 가지 실험 결과를 매우 잘 설명하였다. 예컨대, 칸막이에 2개의 슬릿(Slit : 구멍)을 뚫어서 1개의 전자를 날려주면 이상하게도 그 전자는 동시에 양쪽 슬릿을 통과하는 것이 실험적으로 확인되고 있다. 테니스공과 같은 입자에서는 절대로 있을 수 없는 일이나 '양자역학'을 사용하면 정확히 그 상태를 계산할 수 있다.

이것보다 앞인 1913년, 덴마크 과학자 보어(Niels Bohr)는 원자핵을 도는 전자의 궤도에 관한 법칙을 발견하여 원자 모델을 제창하고 있었다. 그러나 전자를 테니스공과 같은 입자로 가정하고 있었기 때문에 그 적용 범위는 전자가 1개나 2개인 수소, 헬륨 등의 간단한 원자에 한정되어 있었다.

그런데 '양자역학'을 사용하면 전자를 파동으로 간주하는 것이 가능하게 되고 어떠한 복잡한 구조의 원자도 보기 좋게 모델화할 수 있음이 판명되었다.

그러나 이들의 학술적인 성과를 아인슈타인은 완고하게 부정하려고 하였다.

19세기 초, 프랑스 과학자 라플라스 후작(Pierre Simon Laplace, 1749~1827)은 우주는 완전히 결정론적이라고 주장하였다. 결국

라플라스

어떤 시점의 우주의 상태를 완전히 안다면 그에 기초하여 우주
에서 발생하는 모든 사건을 완전히 예측하는 1조(一組)의 과학
법칙이 존재할 것이라는 주장이다.

아인슈타인뿐 아니고 그때까지의 모든 과학자는 이 '라플라
스의 결정론'을 당연한 것으로 생각하고 있었다.

그런데 '양자역학'에서는 현재의 상태를 아는 것도 미래의 상
태를 아는 것도 불가능하다. 인과관계는 한결같이 확률 통계에
따를 뿐이고 우주는 우연히 지배되어 있다는 논리이다.

아인슈타인은 이것을 참을 수 없었다. 오랫동안 보어와 논쟁
을 계속하였는데 그 주장은 그의 유명한 대사(台詞)에 집약되어
있다.

——신은 주사위를 가지고 놀지 않습니다(아인슈타인).

EPR 패러독스

이 논쟁 도중 아인슈타인은 양자역학을 부정하는 하나의 논

아인슈타인

점으로 속칭 'EPR 패러독스'(칼럼 참조)라 불리는 사고실험을
제기하였다. EPR이라는 것은 3인의 과학자 아인슈타인, 포돌스
키, 로젠의 머리 문자를 딴 것이다. 'EPR 패러독스'는 2개의
소립자(素粒子) 상태가 어떤 조건하에서 마치 서로 미리 짠 것처
럼 상관적(相關的), 순간적으로 결정된다는 양자역학의 이론적
귀결을 가리키고 있다.

　아인슈타인은 '일반상대성이론'의 결론에서 정보의 전달을 광
속 이상으로 하는 것은 불가능하며 따라서 2개의 전자가 순간
적으로 상관적 값을 취하는 것은 있을 수 없다고 주장했다. '양
자역학'은 마치 멀리 떨어진 입자끼리 순간적으로 텔레파시로
교신이라도 하는 것이냐는 비판이었다.

　이 논쟁은 아인슈타인의 완패(完敗)였다. 오늘날에 '양자역학'
은 일반적으로 널리 인정된 정설이다. 그 뒤 연구가 진행되어
상이한 요소가 공간, 시간을 넘어서 상관을 갖는 예가 허다하
게 보고되어 있다(문헌 [19] 132페이지).

☆칼럼☆

EPR 패러독스

2개의 원자 A, B로 구성되는 분자 스핀(Spin)의 합계가 제로(Zero)라 한다. 이 분자가 붕괴하여 서로의 상호작용이 충분히 작아지는 거리까지 원자가 떨어졌다 하여도 스핀의 합계는 제로로 유지될 것이다. 고전론에서는 2개의 원자 A, B의 스핀 성분 값은 항상 확정되어 있고 서로 크기가 같으며 부호가 반대로 되어 있다고 하였다.

그런데 양자론에 따르면 1회의 측정으로 명확히 값이 결정되는 것은 x, y, z의 각 축(軸) 중 어떤 1개 방향의 스핀 성분에 불과하고 다른 2개의 방향 스핀 성분 값은 불규칙한 흔들림을 보인다. 원자 A만을 논한다면 이 흔들림은 측정장치에 의한 교란 결과에 불과하다고 해석할 수도 있다. 그러나 멀리 떨어진 원자 B는 스핀 성분이 불규칙적으로 흔들려도 되는 방향을 어떻게 알 수 있는 것일까.

또한 붕괴된 2개의 원자가 비행 중에 관측장치의 방향을 바꿔 원자 A의 별개 방향의 스핀 성분을 측정하는 경우를 생각하면 문제는 더욱 까다로워진다. 이 경우 측정장치의 변화가 순간적으로 원자 B로 전달되어 원자 B의 상태가 변화하게 된다. 그러나 변화가 순간적으로 전달된다고 하는 것은 상대성이론의 기본 원리, 즉 어떠한 물리적 영향도 빛보다 빨리 전달되지 않는다는 원리에 모순된다.

봄

과학이 저승을 인정하였다

이러한 것으로부터 '뉴 사이언스' 기수의 한 사람인 봄(David Bohm, 이론물리학자, 런던대학 명예교수)은 우리들이 알고 있는 '이승'의 우주인 '명재계(Explicate Order)' 질서 배후에 실은 또 하나의 우주 '암재계(Implicate Order)'의 질서가 존재하고 있고 '명재계'의 질서는 그 일부에 지나지 않는다는 가설을 제창하고 있다(문헌 [21], [24], [25]).

"아무 일은 없습니다. 근대물리학이 저승의 존재를 말하기 시작한 셈이지요."

D 박사는 웃었다. 아인슈타인이나 하이젠베르크의 이야기는 굉장히 복잡하게 뒤얽혀 있었던 만큼 그의 웃음은 나를 한숨 놓게 하였다.

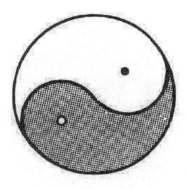

태극도

양자역학과 동양철학

"근대과학과 동양철학, 종교가 통합되는 날이 가깝다"고 그는 말한다. 예의 보어는 만년에 중국의 『역경(易經)』 연구에 몰두하였다. 그가 '불확정성 원리'에서 '상보성(相補性 : Complementarity)' 이라는 개념을 유도해냈을 때 이것을 '역(易)'의 태극도(太極圖: 음양의 심벌)로 설명한 것은 유명한 이야기이다. 자연계의 신비성을 합리적으로 추구해온 그가 최후의 해답을 『역경』에서 구한 것은 흥미롭다. 뒤에 그는 기사 작위에 서품되었고, 문장(紋章)의 도안을 선택하는 단계가 되었을 때 그는 망설이지 않고 '태극도'를 사용하였다. 따라서 그의 묘소에는 '태극도'가 장식되어 있다.

"역경입니까?"

나는 괴상한 소리를 냈다.

나의 연상(蓮想)은 어두운 담 밑에서 촛불의 흔들림 속에 이상하게 점대를 흔드는 초라한 점쟁이의 이미지였다. 도저히 노

보어의 문장(F. 카프라 『타오의
자연학』 고사쿠샤(工作舍) 간에서)

벨상을 수상한 근대물리학자가 연구 대상으로 삼을 것 같지는
않았다.

"조금 전까지는 나도 같은 생각이었습니다."

『역경』의 수수께끼

확률 통계론으로부터 말하면 점대로 점을 치는 것은 난센스
다. 꽃잎을 뜯어내는 사랑점이나 놀이로 하는 트럼프점과 아무
런 차이가 없다.

──그런데

라고 D 박사는 말한다.

『역경』은 등골이 오싹해질 것 같은 내용을 포함하고 있다.

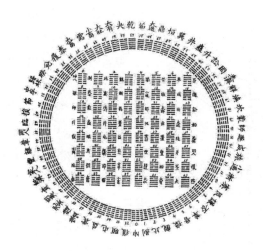

라이프니츠의 64궤 방위도(채항식(蔡恒息) 『역의 뉴
사이언스』 동방(東方) 서점간(刊)에서)

그것은 계속 달라지는 우주의 기본 원리를 기술하고 있는 것이
나 기술(記述)의 언어로서 2진법의 수학을 사용하고 있다(문헌
[26]).

양(一)과 음(— —)의 조합에 의한 '부호어(符號語)'로 기술하는
수법은 컴퓨터나 콤팩트디스크 등의 소위 디지털 신호처리와
같다(역으로 17세기에 있어서의 라이프니츠의 2진법의 발명은 『역경』
의 64궤(卦)로 계발(啓發)되었다는 설이 유력하다).

불가사의한 일로 『역경』의 '부호어'는 생물 유전자 DNA의
'부호어'와 거의 같은 것이다!

생물의 설계도는 모두 DNA의 '부호어'로 기술되어 있다. 수
정란이 분열할 때 이 세포는 근육이 되는지, 모발이 되는지, 그
렇지 않으면 안구(眼球)의 수정체(水晶體)가 되는지가 모두 그 설

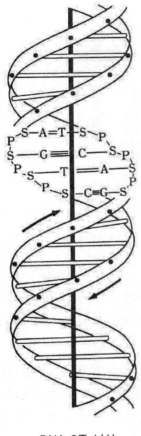

DNA 2중 나선

계도를 참조하여 자동적으로 분화된다. 뿐만 아니라 심장이 움직이고 혈액이 순환하며 폐로 호흡하고 음식물을 섭취하여 소화시키는 모든 생물의 행위도 설계도에 적혀 있고, 본능이나 기호(嗜好), 성격에 이르기까지 기술되어 있다. 따라서 세포가 1개 있으면 그 사람과 조금도 다르지 않은 클론(Clone) 인간을 복제할 수 있는 가능성이 있다.

이 DNA의 설계도는 2비트 워드에 의한 3워드 블록이라는 형식의 '부호어'로 기술되어 있고, 문장의 시작과 끝남을 나타내는 스타트 워드, 스톱 워드에 이르기까지 『역경』의 '부호어'와 놀랄 만큼 닮아 있다.

DNA의 '부호어'가 해명된 것은 그다지 오래되지 않았으므로(1967년 미국의 니렌버그와 코라나에 따름) 3000년 전 『역경』의 저자 복의(伏羲)가 이 DNA의 '부호어'를 알 까닭이 없었을 것이다.

"우연의 일치라고 생각하는 것도 불가능한 것은 아닙니다만 오히려 복의가 무언가를 파악하고 있었다고 생각하는 편이 자연스럽지

유전암호 코드표(채항식 『역의 사이언스』 동방서점)

① 염기(鹽基) 코드, ② 괘(卦), ③ 효(爻), ④ 배열(配列), ⑤ 개시코드, ⑥⑦⑧ 종결 코드

않습니까."

'불확정성 원리'의 제창자인 하이젠베르크도 인도철학의 영향을 강하게 받고 있었고(후술한다), 슈뢰딩거도 그의 저서 『What is life』에서 그의 여러 방정식의 내용이 5000년 전에 쓰인 인도 『베다철학』의 여러 원리와 얼마나 적합한지에 대해서 지적하고 있다.

카운터컬처 운동

20세기 초부터 몇 사람의 고명한 물리학자, 심리학자가 '동양철학'에 빠져들어갔다.

그 흐름은 처음에는 매우 이단(異端)이어서 일반 사회에서는 받아들여지지 않았지만 반세기의 시간을 경과해서 계속 육성되어 이윽고 '뉴 사이언스'로 꽃피어 갔다.

"뉴 사이언스가 무엇 때문에 미국에서 일어났는지는 흥미로운 문제지요."

D 박사는 그것을 베트남 전쟁의 영향이라고 말한다.

1960년대 미국은 건국 이래 처음이라고 생각되는 '허무감'에 빠져 있었다. 1차, 2차 세계대전과 한국전쟁에서 압도적인 승리를 거두고 일찍이 없었을 만큼 물질적으로 풍부한 국가가 되어 문자 그대로 세계의 리더로 군립하고 있었다.

그런데 베트남 전쟁이 일어나자 "아무래도 예상했던 것과는 사정이 다르다"는 인상을 많은 미국 국민이 갖게 되었다. 그때까지 "정의의 기병대가 야만스런 인디언을 몰아냈다"라는 단순한 패턴에 의문이 생기고 무엇이 정의인지 모르게 되었다.

거기서부터 물질과 돈이 중심이 되는 서구 문명을 부정하는 '카운터컬처(Counter Culture) 운동'이 확산되었다. 많은 젊은이가 세속적인 생활을 버리고 '히피(Hippie)'가 되었다. 물질적인 욕망보다 자연에서의 가치를 추구하고 이치에 맞지 않는 전쟁으로 몰아내는 체제 측과 날카롭게 대립하였다.

이 흐름 속에서 온갖 동양적 사상이나 종교가 유행하였다. 요가나 선, 태극권 등은 말할 것도 없고 당수(唐手) 등의 각종 무술, 지압(指壓)이나 침구술(鍼灸術), 이슬람교, 불교, 힌두교, 라마교 등이 번성하게 되었고 많은 포교자(布敎者)가 활약하였다. 그리고 많은 젊은이들이 인도, 네팔, 티베트, 일본 등에 건너가 각종 '명상법'을 습득해 왔다.

이러한 것들은 민중(民衆)층에서 일어난 움직임이고 당초 학문 세계와는 인연이 없었다. 그런데 1970년대 후반부터 양자역학을 전공하는 물리학자, 뇌생리학자, 심리학자들 사이에서 '뉴 사이언스'의 움직임이 활발해졌다.

카프라와 하이젠베르크

일반인에게 이 움직임을 전달한 것은 카프라(Fritjof Capra)가 지은 『타오자연학』(문헌 [27])일 것이다.

카프라는 하이젠베르크로부터 큰 영향을 받고 캘리포니아대학 버클리교에서 제프리 츄(Geofrey Chew, 일반상대성이론, 양자역학에 버금가는 제3의 물리학 혁신 후보의 하나라고 일컬어지고 있는 부츠 트랩* 이론의 제창자) 연구팀의 일원이기도 한 이론물리

---

* 부츠 트랩은 구두끈이라는 뜻. 물질에는 기본적 구성 요소(궁극의 소립자)가 존재하지 않고 어떤 입자는 자기 자신을 포함해서 모든 다른 입자의

학자이다.

그는 1968년 파리대학에서 고에너지 물리학 이론 연구를 한창 진행하고 있는 도중에 '5월 혁명'을 체험했다. 그 과정에서 스즈키 다이세츠(鈴木大拙)의 선을 알게 되어 이에 심취(心醉)한다. 그 뒤 캘리포니아에 건너가 연구자와 히피의 2중 생활을 하게 된다. 히피문화와 비교하면 전통적인 서구문화는 대체로 미(美)의 감각이 결여되어 살벌하다는 것을 느끼게 된다.

일반 사회에서는 '불결한 히피'라고 불렸으나 그들은 스스로를 '아름다운 사람들'이라 불렀다. 많은 사람이 채식주의자(Vegetarian)고 요가와 같은 명상법을 실천하고 있었다. 기존의 사회나 교육제도, 관습적 가치관을 거부하고 정신성이나 오컬트에 대한 공통의 관심, 선이나 『역경』 등 동양철학이나 헤르만 헤세(Hermann Hesse, 1877~1962) 등의 공통 화제, 그리고 평화롭고 아름다운 사회라고 하는 공통 비전이 있었다.

카프라는 이 히피문화의 온갖 측면을 체험하였다. 록페스티벌(Rock Festival), 마약, 성의 해방, 공동(커뮨)생활, 장기방랑 등 세상의 '양가(良家) 부모들'이 외면하고 싶어지는 생활이다.

그 가운데서 그는 인생에서 가장 깊은 개인적 체험을 얻었다고 한다(문헌 [28], [29]). 히피 커뮤니티의 연대감, 평안(平安), 신뢰, 커뮨에서의 누드의 해방감, 약물과 명상에 의한 의식(意識)의 확대 등이다.

이것들을 통해서 그는 '양자역학'의 진수(眞髓)를 추구해 가면 '동양철학'에 다다른다는 확신을 심화시켜 갔다.

영향에 따라 성립한다고 한다. 수학적으로는 하이젠베르크의 S행렬(行列)과 그래프 이론을 조합시키고 있다.

타고르

 카프라는 이 세계관을 하이젠베르크와 상의하러 갔다. 그런데 놀랍게도 하이젠베르크는 양자역학과 동양철학의 상사성(相似性)을 인지하고 있었을 뿐만 아니라 그 자신의 연구가 적지 않게 '인도철학'의 영향을 받았다고 말하였다.
 1929년 하이젠베르크는 인도의 저명한 시인 라빈드라나드 타고르(Rabindranath Tagore, 1861~1941)의 손님으로 잠시 동안 인도에서 지내고 과학과 인도철학에 대해서 긴 대화를 나누고 있었다. 그때 알게 된 인도의 사상이 그에게 커다란 구원을 주었다고 한다.

 ——과거 수십 년간 일본의 물리학자들이 물리학의 발전에 크게 공헌을 해온 것은 '동양철학'의 전통과 양자역학의 철학이 근본적으로 닮아 있기 때문인지도 모른다.

라고 하이젠베르크는 이야기하였다. 이에 대해서 카프라는 그가 알고 있는 일본의 물리학자들은 서구인들 이상으로 동양철학에 대해서 부정적이라고 말하고 웃었다(문헌 [29]).

　이 무렵의 카프라는 물리학과 동양의 신비주의와의 상사성이라는 학문 세계에서는 완전히 이단(異端)의 연구 테마에 달라붙어 있었기 때문에 경제적으로 몹시 빈곤하였다. 사실상 물리학회에 참가하기 위해서 히치하이크로 여행을 하고 밤에는 히피들과 침낭 속에 기어들어가며 낮에는 참가비를 지불하지 않고회의장에 잠입하는 생활을 어쩔 수 없이 하고 있었다.

　그러한 가운데에서 하이젠베르크의 강력한 정신적 지원을 유일한 의지할 곳으로 삼고 카프라는 『타오자연학』을 완성하여 갔다.

　'타오'(중국 북경말)란 '도(道)'를 말한다.

우주는 일체로서 불가분이다

　근대과학의 발전은 17세기의 르네 데카르트(René Descartes, 1596~1650)에 의한 '물심이원론(物心二元論)', 즉 물질과 정신은 전혀 별개의 것으로 분할하여 생각하는 자연관 위에 구축되어 왔다. 과학자는 물질을 마음과는 관계가 없는 무기물(無機物)로 취급하고 물질계를 수많은 상이한 물체가 모여서 만들어진 거대한 기계로 보게 되었다.

　뉴턴은 그 세계관을 바탕으로 그의 역학을 확립하고 고전적인 물리학의 기반을 구축하였다. 이것은 금세기 초까지는 매우 성공했고, 기계론적인 물리학은 크게 발전을 이룩하였다.

　그런데 '양자역학' 이래 이 세계관이 의심스러워졌다.

　'EPR 패러독스' 등에서 볼 수 있는 것처럼 입자를 독립된 존재로 생각하는 것이 무리한 이치가 되어, 관측자까지 포함시킨 '전체의 시스템'을 고려하지 않으면 이치가 맞지 않게 되었다.

데카르트

극미의 세계를 탐구하면 할수록 물리학자는 동양의 신비 사상가와 같은 우주관을 갖게 되었다.

——우주는 상호 연관되고 서로 작용한다. 또한 동시에 끊임없이 변화하는 불가분의 부분으로부터 이루어지는 하나의 시스템이고 관찰자는 그 불가분의 부분으로서 거기에 내포(內包)된다.

이것은 베다철학, 힌두교, 불교, 유교, 도교, 『역경』 등의 우주관과 동일하고 더구나 야키 인디언의 주술사(呪術師) 돈 환*의 가르침과도 닮아 있다.

또한 '동양철학'이 현인(賢人)의 '깨달음'만을 근거로 하고 있었던 것에 반해서 이번에는 매우 정확하고 세련된 실험과 엄밀하고 일관된 수식(數式)이 그 기본이 된 점이 고전철학과는 다르다.

카프라는 근대물리학의 최신 성과와 동양철학을 상세하게 대비시켜 한 치의 틈도 없을 정도의 유사성을 증명해 갔다. 『타

* '카운터컬처 운동'의 정신적 지도자의 한 사람

오자연학」은 국제적인 베스트셀러가 되어 그 인세(印稅)나 쇄도
하는 강연 의뢰 덕에 카프라는 생활 걱정을 할 필요는 없어졌
다. 그렇다고 해서 학문 세계가 카프라를 받아들이는 일은 없
었다. 역시 이단은 계속 이단이었다.

　그런데 이 책을 계기로 많은 고명한 학자가 사실은 최신 물
리학과 '동양철학'의 유사성을 인지하고 있었다는 것을 표명하
게 되었다.

　제프리 츄도 그 한 사람이다. 그의 부츠 트랩 이론과 대승불
교의 상사성은 우연히 불교 공부를 하고 있던 그의 아들의 지
적에 의해서 밝혀졌다. 당초 그는 불교를 비과학적인 느낌이
드는 개념으로 생각하고 있었기 때문에 자신의 이론과의 유사
성에 매우 놀라 당황하였으나 그것은 차츰 송구스런 마음으로
바뀌어 갔다고 한다(문헌 [29]).

　학문의 세계에서 완전히 따돌림을 받던 카프라가 츄의 연구
팀에서 직업을 얻은 것은 이와 같은 배경에 따른다.

뉴 사이언스의 기수들

　'뉴 사이언스' 기수의 한 사람으로, 조지프슨 소자로 유명한
조지프슨(Brian Josephson)이 있다. 33세라는 사상 최연소로 노
벨상을 받은 물리학자이다. 그는 인도 '베다철학'의 영향을 강
하게 받아 '초월명상(Transcendental Meditation)'을 실천했던
사람인데, '의식'의 문제를 물리학 이론에 편입시킬 필요성을
역설했다.

　그에게 사상적 영향을 준 것은 카운터컬처 운동 무렵에 전
미국에서 '초월명상'을 지도한 인도의 마하리시 마헤시 요기

조지프슨

(Maharishi Mahesh Yogi)였다.

　'뉴 사이언스'의 대두(台頭)에 기여한 신비 사상가는 많이 있으나 마하리시 마헤시 요기 이외에 알란 왓츠(Alan Watt, 1915~1973)와 지두 크리슈나무르티(J. Krishnamurti, 1895~1986) 두 사람은 잊어서는 안 된다. 두 사람 모두 '카운터컬쳐'의 영웅이고 당시 대부분의 히피 커뮨 책장에는 헤르만 헤세 등과 함께 그들의 책이 진열되어 있었다.

　와트는 동양사상 연구자였으나 경묘(輕妙)한 유머를 섞은 문장으로 그것을 소개하였다. 특히 '선'이 전 미국에서 번성한 것은 그의 공적이 크다.

　크리슈나무르티는 인도의 철학자이고 1960년대 미국에서 빈번히 강연을 하여 많은 사람들에게 큰 영향을 주었다.

　특히 카프라, 봄, 프리브램 등은 그의 교육센터에 초대되어 1주일에 걸쳐 집중논의를 하기도 했다. 그는 과학자들에게 "사고의 속박에서 벗어나 자유롭게 되어라", "그 자유는 명상에 의

해서만 입수된다"라고 설득하였다.

프리브램은 스탠퍼드대학의 교수이고 동 대학 신경생리연구소의 소장을 맡은 대뇌생리학자이다.

개(個)이면서 전(全), 전이면서 개

"……그런데 디즈니랜드에 간 적은 있습니까?"

말이 빠르고 숨도 쉬지 않고 지껄이고 있던 D 박사가 갑자기 화제를 바꿨다. 눈웃음을 쳤다. 내가 필사적으로 졸음을 참고 있었던 것을 아까부터 알고 계셨던 것 같다.

'홀로그래피'의 설명이었다. 헌티드 맨션(Haunted Mansion)이라는 서양 도깨비 저택의 유령의 입체상(立體像)이 '홀로그래피'라는 기술로 만들어져 있다고 한다. 흔히 듣는 말이다. 오히려 만화나 SF에서는 상식적으로 사용되고 있다.

원리는 간단하여 물체에 조사(照射)한 레이저광의 반사광과 원래 빛과의 간섭(干涉)무늬를 필름에 기록하는 것뿐이다. 필름을 보아도 불규칙한 모양이 있을 뿐이고 무엇이 무엇인지 모르지만 이 필름에 레이저광을 대면 원래의 입체상이 나타난다. 보는 위치를 바꾸면 지금까지 보이지 않았던 부분이 틀림없이 나타난다.

재미있는 것은 간섭무늬를 기록한 필름의 절반을 분실해도 물체의 전체상을 재현할 수 있는 것이다. 상(像)은 전체적으로 조금 희미해지지만 물체의 상 어딘가에 결함이 있는 일은 없다. 절반뿐만 아니고 4분의 1이 되어도 100분의 1이 되어도 결국 필름의 어떠한 작은 부분에도 물체의 전체상이 기록되어

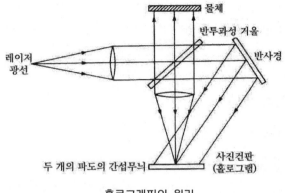

홀로그래피의 원리

있다.

　"부분이 전체이고 전체가 부분인 것입니다."

　"마치 '왕벌레(王蟲)'군……."

　아무리 해도 나에게는 만화의 예밖에는 생각이 떠오르지 않는다. 『바람계곡의 나우시카』라는 만화에 '왕벌레'라고 불리는 거대한 벌레가 나타나서 이렇게 말하는 장면이 있다.

　──우리 일족(一族)은 개이면서 전, 전이면서 개, 시공(時空)을 초월해서 마음을 전하여 가기 때문에(문헌 [30]).

　그렇게 말하면 하고 D 박사가 말하였다. 데즈카 오사무의 『화조(火鳥)』라는 만화에도 '로비타'라 불리는 로버트가 등장해서 '개이면서 전'을 위하여 집단자살을 한다는 것이 있었다.

　"……그것은 융이 말하는 집단적 무의식이라는 것으로 매우 중요한 개념입니다. 어쨌든 상세하게 설명합니다(다음 장). 그렇지만……."

D 박사는 나의 만화적인 당치도 않은 발상을 듣고 웃지 않았다. 그렇지만 지금 설명하려는 주제와는 전연 다르다고 말하였다.

홀로그래피 모델

"……프리브램입니다마는……."

D 박사는 드디어 본제(本題)로 되돌아왔다.

프리브램은 뇌에서 시각정보의 기억이 '홀로그래피'적으로 행해지고 있다고 하여 '뇌의 홀로그래피 모델'을 제안하였다(문헌 [31]~[33]). 시각정보가 뇌의 특정 부분의 기억으로 정확히 위치 부여할 수 없는 것은 알려져 있었으나, 그는 공간 주파수의 분석을 통해서 시각정보가 뇌 전체에 홀로그램적으로 암호화(暗號化)되는 것을 발견하였다.

이것을 계기로 뇌에 대한 연구의 대폭적인 재인식이 시작되었다. 그때까지는 뇌라는 것이 컴퓨터와 같은 기능을 하는 것으로 생각되었고 각 부분이 어떠한 역할을 분담하고 있는지가 기계론적으로 연구되고 있었다.

언어중추의 발견이나 좌뇌(언어나 논리를 담당한다), 우뇌(정감이나 직관을 담당한다)의 역할 분담 발견 등, 이 방법론은 매우 성공해 왔다. 근년에는 CT 스캔(Scan)장치나 MRI(핵자기공명장치)에 의해서 살아 있는 인간 뇌의 내부 단층촬영이 가능하게 되었다. 이것에 의하여 뇌내출혈이나 뇌경색(輕寒)에 따른 손상 부위를 특정 지을 수 있어 물리적 손상을 받은 뇌만을 대상으로 하는 종전의 연구보다도 훨씬 연구 대상이 확대되어 연구가 크게 진전된다고 기대되었다.

그런데 연구의 방법론이 진보되며 뇌의 기능을 오히려 파악할 수 없게 되었다. 그래서 보다 기본적인 기능에 대해서 다시 한 번 동물의 뇌를 사용하여 기초적인 연구가 시작되었다.

예컨대, 개의 듣고 분별하는 능력에 관한 실험을 보자. 종전에는 청각을 모두 담당하고 있다고 생각되었던 '청각야(野)'라는 대뇌피질을 깎아내 버려도 듣고 분별하는 능력은 남아 있어 결국 뇌의 80%를 깎아내도 약간 소리를 듣고 분별할 수 있다. 그것 이상 뇌를 깎아내면 죽는다는 보고가 있다(문헌 [22]).

결국 종전에는 '○○중추'라든가 '△△야(野)'라고 호칭하여 어떤 기능을 분담하고 있다고 생각되었던 뇌의 부위는 그 기능에 관한 중점 역할을 하고 있었을 뿐, 실은 기능 그 자체는 뇌 전체가 관여하고 있다는 것이 조금씩 판명되어 왔다. 기계론적인 뇌의 모델로는 도저히 설명할 수 없는 것이다.

──'홀로그래피'라는 것은 하나의 비유(Metaphor)입니다. 즉 열쇠를 입수한 것과 같은 것입니다. 열쇠로 문을 열면 방 속을 볼 수 있습니다. 그렇지만 열쇠는 방이 아닙니다(프리브램 문헌 [21]).

──이 비유를 지지하는 증거는 이미 굉장히 많이 있기 때문에 '홀로그래피 모델'이라는 것은 지금은 단순한 모델 이상의 것입니다 (같음).

──어떠한 방이 보이는지에 대한 것입니까? 그것은 우리들이 현실적으로 인식하고 있는 이산적(離散的: 부분 부분으로 분할할 수 있는) 질서의 배후에 있는 **잠재적인, 분포된**(분할할 수 없는) 질서입니다(같음).

──이러한 우주관과 동양철학의 관계는 양자물리학의 선구자들에 의해서 즉시 인식되었습니다. 보어, 슈뢰딩거, 하이젠베르크 등

입니다. 선이나 요가의 기법으로 경험할 수 있는 종류의 차원(次元)과 잠재적인 **홀로그래피적 우주와의** 유사성을 간파한 것입니다. 종전의 과학은 종교에서 취급하는 인류의 정신적 측면과 불상용(不相容)의 것이었습니다. 21세기에는 과학(Science)과 정신(Spirit)이 하나가 되겠지요(같음).

봄의 우주 모델

'우주의 홀로그래피 모델'은 프리브램과는 별개로 봄도 제창하고 있다. 그의 모델은 **명재계**(이승)와 **암재계**(저승)를 일괄하여 우주가 존재하고 있다고 했다(전술). 이때 **명재계와 암재계의** 관계가 홀로그래피와 유사하다고 한다. 명재계에서의 상식적인 **시간이라든가**, 공간이라든가, 개별의 물체라든가, 인간의 의식이라든가가 암재계에서는 혼연일체가 되어 간직되어 있다.

그것은 마치 '홀로그래피'의 간섭무늬를 기억한 필름과 같이 일체의 구별이 없는 '전체'이다. '당신'도 '나'도 '정원의 잡초'도 '길가의 돌멩이'도 '태평양'도 '지중해'도 '금성'도 '안드로메다은하(銀河)'도 '과거'도 '미래'도 전 우주의 모든 것이 일체가 되어 있고 상호의존하고 있으며 분리할 수 없다.

게다가 그 총체(總體)는 필름의 간섭무늬처럼 고정된 것이 아니고 끊임없이 변화하고 있다(변화라고 하는 말은 시간이라는 개념이 존재하는 **명재계**의 표현이고 **암재계**에서는 적당하지 않다. 봄은 **전체운동**(Holo-movement)이라는 말을 사용하고 있다).

반대로 이승의 모든 부분에는 전 우주가 **암재계를** 통해서 간직되어 있다.

"당신의 신체에도 나의 신체에도 전 우주가 결국 안드로메다은하

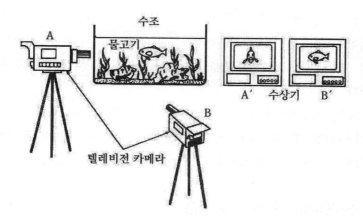

2개의 현실이 동시에 존재하고 있다

까지 간직되어 있는 것이지요."

참으로 장대한 이야기이다.

'기공법'에서는 "인체는 소우주이다"라고 가르치고 있다. 봄의 모델은 바로 이 표현에 딱 들어맞는다.

그는 이 모델을 사용해서 'EPR 패러독스'를 명쾌하게 설명하였다. 결국 **명재계**에서 관측되는 2개 입자의 계는 **암재계**와 비슷한 6차원 공간에서의 1개 입자의 명재계 사영(寫影)으로 간주할 수 있다.

그것은 마치 어항을 2개의 비디오 카메라로 촬영하고 있는 것과 같은 것이라고 한다. 2개의 텔레비전 화면을 바라보고 있는 사람이 금붕어가 동시에 움직이는 것을 보고 놀라는 것은 'EPR 패러독스'라는 것이다. 물론 이 경우에는 **명재계**가 2차원의 텔레비전 화면이고 **암재계**가 3차원 어항의 내용물로 비유되고 있다.

126

봄은 양자역학을 확장하고 엄밀한 수식을 사용하여 '홀로그 래피 우주 모델'을 정식화하려 하고 있다. 최근에는 암재계보다 더 고차원인 '초 암재계(Super Implicate)'의 존재도 연구하고 있다.

또한 생명의 문제도 연구하고 있고 생명이 동물이나 식물의 '개체(個體)'에 부속된다는 것은 잘못이고 우주의 전체운동 속에 '생명'이 몰래 숨어 있다는 표현을 하고 있다(문헌 [24]).

신구(新舊) 사이언스의 싸움

봄의 주장은 큰 반향(反響)을 불러일으켜 '뉴 사이언스' 활동 이 일거에 활발하게 되었다. 심리학, 생리학, 철학, 역사학, 문학 등의 전문가나 종교가들이 빠짐없이 그의 학설을 배웠다. 그러나 물리학의 세계에서는 날카로운 비판을 받았다. 근대과 학에서의 모델이나 이론은 가급적 단순하면서 또한 동시에 일 관해서 실험 결과에 정확히 적합해야 한다(1장). 모델이 복잡하고 파라미터(상수)를 많이 포함하고 있으면 실험 결과를 설명할 수 있게 된다.

'소립자'의 행동을 설명하는 데 '저승(암재계)'이라는 말을 꺼 낸다는 논법은 데카르트나 뉴턴 이래의 기계론적 근대과학 사 상에 친숙해진 대부분의 물리학자로서는 도저히 받아들일 수 없는 사상이었다. 또 종전의 어떠한 모델과 비교해도 복잡 괴 기(傀奇)한 것은 명백하다.

더구나 봄은 정식화나 증명이 현재로서는 불가능한 정신의 문제나 생명의 문제까지 언급하고 있어 "도대체 물리학인가, 그렇지 않으면 종교인가"라는 비판도 받았다.

"이제까지 소개해온 일련의 연구가들은 보어, 슈뢰딩거, 하이젠베르크, 조지프슨, 카프라, 프리브램, 봄 등입니다만 그들에게 과학과 종교의 경계는 이미 전혀 없는 것이겠지요."

D 박사는 조용히 미소 지었다. 현재도 학문의 세계에서는 '뉴 사이언스파'와 '보수파'가 격렬한 싸움을 벌이고 있다.

분명히 D 박사는 '뉴 사이언스파'의 승리를 확신하고 있는 것 같았다.

가설 8	우주는 우리가 지각할 수 있는 '**명재계**(Explicate Order)'와 그 배후에 존재하는 '**암재계**(Implicate Order)'로 성립되어 있다. '암재계'에서는 우주의 모든 물질, 정신, 시간 등이 전체로 간직되어 있고 분할할 수 없다. '명재계', 즉 우리들이 관측할 수 있는 우주의 질서, 시간, 공간 등은 '암재계'의 하나의 사영(寫影)이다(봄, 프리브램).

6장
심층심리학으로부터의 접근

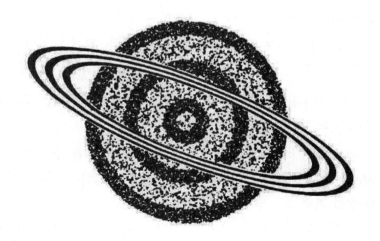

만화가의 통찰력

"만화가라는 것은 때로는 터무니없는 통찰력을 발휘하는 것이지요."

데즈카 오사무의 이야기이다. 세계 최초의 인공위성이 발사되기 훨씬 이전에 『철완(鐵腕) 아톰』에는 사용할 수 없게 된 방대한 수의 인공위성이 폐허(廢墟)가 되어 허공을 떠도는 장면이 등장하고 있었다.

"……저건가!"

나에게는 그가 무엇을 말하려 하는지 단번에 느껴졌다. 전회(前回)의 이야기 후에 그는 『바람계곡의 나우시카』 전 5권을 읽고 있었다. 데즈카 오사무를 초월하는 만화가가 겨우 나타났다고 하는 것이 그의 평이었다. 나는 과학자의 의외의 일면을 본 느낌이 들었다.

"……미야자키 히야오(宮崎駿)가 어느 정도 알고 그림을 그리고 있는지 모르겠습니다마는……."

'개이면서 전, 전이면서 개'라고 하는 것은 매우 중요한 개념이라고 한다. 한 가지는 봄이나 프리브램이 말하는 '홀로그래피 모델'과 통한다.

또 한 가지는 융이 제창한 '집단 무의식(Collective Unconsciousness)'이다.

과학자의 발상을 따라간다는 것은 보통 일이 아니다. 만화 이야기라고 생각하여 안심하고 있으면 갑자기 심연(深淵)의 학문 세계로 들어가 버린다.

프로이트

프로이트의 무의식

'집단 무의식' 이전의 소위 '무의식(잠재의식)'이라고 하는 개념
은 아마 프로이트에 의해서 밝혀졌다고 생각된다. 인간의 마음
세계는 '의식층'과 '무의식층'의 2중 구조로 되어 있고 일상적으
로 우리들이 느끼고 있는 마음의 표층 부분(의식층)의 깊은 곳에
보통은 인지 곤란한 심층심리(무의식층)가 존재한다고 한다.

프로이트는 정신병에는 반드시 원인이 있다고 주장했고, 근
대과학적인 1 대 1의 인과관계를 상정(想定)하였다. 즉 커다란
쇼크(충격)에 의해서 정신적인 외상(外傷)을 받으면 그것이 '무의
식층'에 뒤틀림으로 남아 '의식층'과의 갈등이 일어나서 병적인
증상을 일으킨다고 생각하였다.

또한 '무의식층'을 본능적인 욕구나 열등(劣等)한 동물적 충동
의 저장소라 하고 '의식층'의 '이성(理性)'이 그것을 억제하고 있
다고 하였다. 그 배후에는 '이성'을 최고 원리로 하는 데카르트
이래의 근대적 인간관이 존재한다.

'이성'을 동반하지 않고 또는 '이성'에 대항해서 작용하는 욕망을 '리비도(Libido)'라 부른다.

리비도라고 하는 라틴어는 기쁨, 욕망, 공상, 정열, 심리 경향 등의 의미를 갖는다. 프로이트는 리비도의 본질은 성욕, 성(性) 에너지에 있다고 생각하여 '성욕일원론(性慾一元論)'을 전개하였다.

융과 프로이트

융(Carl Gustave Jung)이 스위스 바젤대학의 의학부를 졸업하고 취리히의 부르크헬츠리 병원에 부임한 것은 정확히 1900년, 그가 25세 때였다.

5년 뒤인 1905년에는 벌써 두각을 나타내어 정신과의 필두의장(筆頭医長)의 직위에 임명됨과 동시에 취리히대학의 개인 강사로서 강의를 시작하고 있었다. 개인 강사라고 하는 직위는 독일어권 대학에서는 매우 평가가 높고 그는 이때 학문 세계에서의 명성이 약속되어 있었다.

융은 환자에게 자유로이 단어를 연상(蓮想)시키는 치료법에서 환자의 심적 장해 또는 갈등을 언급하는 자극어(刺戟語)에 대해서 굉장히 반응 시간이 더딘 것을 발견하였다. 이것을 신경증의 심리학에 유래하는 '억압의 기제(機戟)'라고 하는 사고로 설명하려고 하였으나 프로이트가 '꿈의 해석' 중에서 같은 이론 전개를 하고 있는 것을 알았다.

융은 이것을 논문으로 정리할 때 프로이트의 논문을 참조하여야 할 것인지 아닌지 몹시 헤맸다.

──그 당시 학문 세계에서 프로이트는 분명히 탐탁지 않은 인물

융

이었다. 그와 접촉을 갖는 것은 학문을 하는 동료 안에서는 명예가 손상되는 일이었고 그에 대한 것은 학회의 회의장에서가 아니고 복도에서밖에 토의할 수 없었다(융, 문헌 [34] 1).

어떤 시대의 어떠한 분야에서도 학문의 세계는 보수적이어서 혁신적인 사고 방법을 배제시키려고 한다. 그 당시의 프로이트는 확실히 따돌림을 받고 있었다. 융은 악마의 유혹을 극복하여 프로이트를 정장하게 평가하고 변호하기 시작하였다. 이것은 학문 세계에서 입신(立身)의 뜻을 세운 연구자로서는 매우 용기가 필요한 행동이었다고 생각된다.

――나의 논문에 대해서 두 사람의 독일 대학교수가 만일 프로이트 편에 서서 계속 그를 변호한다면 나의 학문적 경력은 박탈될 것이라고 경고하였다(융, 문헌 [34] 1).

"일반 사회에서 말이지요, 진실을 말한다는 것이 매우 용기가 필요한 경우는 흔히 있습니다. 때로는 자기의 지위나 명예를 걸고 발언해야 하는 일이 있습니다. 놀라운 것은 원래는 진리를 탐구하는 것이 목적인 학문의 세계에서도 이것은 일상적인 다반사이지요."

　D 박사는 과학자들이 왜 '氣'나 '초능력'에 정면으로 부딪치지 않느냐는 나의 이전의 질문에 대해서 언급하고 있는 것 같았다.

　아무튼 융은 학문 세계에서 장래가 촉망되는 '좋은 젊은이'의 입장에서 일전(一轉)하여 따돌림을 받는 쪽으로 전락하였다.

　그러한 분위기 속에서 1907년 융은 오스트리아를 방문하여 프로이트와의 극적인 회견을 하였다. 그때 융은 32세, 프로이트는 51세로서 부자간에 가까운 연령 차였다.

　두 사람은 열렬하게 의기투합하여 프로이트는 많은 직계 제자를 제쳐 놓고 융을 정신분석 운동의 후계자로 키우려고 하였다. 1910년 국제정신분석협회가 설립되었을 때 프로이트의 강력한 추천을 받아 35세의 융이 회장에 취임하였다.

　그러나 그 3년 뒤인 1913년 두 사람의 사이는 갑자기 파국을 맞이한다.

프로이트와의 결별

　파국의 직접적인 원인은 1912년 융이 간행한 『리비도의 변용(變容)과 상징』이라는 표제의 책이었다. 이 책에서 융은 '신화(神話)'를 제재(題材)로 하여 인간의 '리비도'나 '무의식'에 관한 독특한 해석을 전개하였으나 이것은 프로이트의 '성욕일원론(性欲一元論)'과는 분명히 상용(相容)될 수 없는 설이었다.

　프로이트에게 '무의식'은 억압된 인격의 열등 부분을 의미하는 것이었던 데 반해 융은 역으로 '무의식'에 플러스 가치를 부여하였다.

융은 '무의식' 속에는 현재의 자기에게 필요한 목표를 예감하고 그것을 인지하는 목적론적 능력이 갖추어져 있다는 사고 방법을 취하고 있다. 이것을 "리비도가 자연발생적으로 변용한다"라고 하였다.

이 책은 37년 후에 대폭 개정되어 표제도 『변용과 상징』으로 고쳐져서 1952년에 신판이 간행되었다. 신판에서는 '변용'의 의미가 한층 플러스의 방향으로 기술되어 있다. '무의식'의 내부에서 일어나는 감정의 강도가 증가됨에 따라 '성스러운 것'에 대한 감정이 영혼 속에서 솟아오른다. '리비도'의 자연스런 변용이 영혼을 낮은 수준에서 높은 수준으로 향하게 하는 성격을 갖고 있다는 것이다.

또한 '영혼의 재생(再生)'이라는 기술도 있어 이것에는 윤회전생(輪廻轉生)과 관련되는 '동양철학'의 영향을 볼 수 있다(후술한다).

——우리들 인간은 자기의 개인적인 생명을 갖고 있다고는 하지만, 대부분은 여전히 그 연령이 수 세기(世紀) 단위로 셀 수 있는 집합적인 영혼의 상속인이고 희생자이며 추진자인 것이다(융, 문헌 [34] 1).

『리비도의 변용과 상징』이라는 책은 뒤에 '집단 무의식'이나 '공시성(共時性 : Synchronicity, 칼럼 참조)' 등 융의 독특한 사상으로 발전하는 발단을 포함한 역사적으로 매우 중요한 지위를 차지하고 있다.

그런데 현실 세간의 평가는 엄격하여 융은 고독의 구렁텅이에 빠져버린다. 프로이트 입장에서 보면 융은 자신의 후계자이고, 봉건적이고 몰이해한 학문의 세계에서 '성욕일원론'을 함께 옹호하여 줄 동지라고 생각하고 있었기에 이것은 도저히 용서

할 수 없는 배신 행위였다.

한편 학계의 입장으로서는 프로이트조차 받아들이기 어려운
데 그 위를 가는 '영혼의 이론'은 도저히 따라갈 수가 없었다.

융은 '신비주의자'라는 낙인이 찍혀 취리히대학에서 쫓겨나
아카데미즘의 세계에서 사실상 말살되었다.

☆칼럼☆

공시성(Synchronicity)

융은 '예감'이나 '예지몽(豫知夢)' 등의 현상을 설명하는 원
리로서 '공시성'이라 이름을 붙인 가설을 생각하였다. 1920년
대 초반부터 빌헬름 등과 '역(易, 점)'의 실험을 하여 그의 괘
(卦)가 딱 들어맞는 것을 보고 발상한 것 같다.

즉 '우연의 일치'로 보이는 것은 실은 '우연'은 아니고 '집
단 무의식'의 질서가 '현실의 사건'과 '궤(卦)'의 양쪽에 투영
되어 있다는 견해이다. 텔레파시나 마음으로 생각하였던 것과
외계의 사건이 '우연'히 일치한 것처럼 보이는 일 등 초상(超
常)현상의 태반이 이것에 포함된다.

융은 발상한 지 30년 동안 이 사고를 간직하였고 1950년
에 비로소 공표하였다.

융의 고독한 투쟁

──프로이트가 가는 길과 결별한 뒤 잠시 동안 나에게는 내적인
불확실감이 덮쳤다. 그것은 방향을 잃은 상태라 불러도 과장된 것은
아니었다(융, 문헌 [34] 1).

자서전 속에서 융은 "무언가 커다란 것이 나의 안에서 차츰 일어나고 있음을 느껴 의식적으로 나의 학구적인 경력을 버렸다"라고 적고 있다. 이것은 노년이 된 후의 감개(感慨)이지 당시 그의 심정은 간단한 것은 아니었을 것이다. 통한(痛恨)의 생각에 사로잡힌 일도 있었다는 것은 "운명을 거슬러서 과격해지는 일도 있었다"라는 말에서 여실히 이야기하고 있다.

병적학자(病跡學者) 중에는 이 무렵의 융이 분열증적 증상에 빠져 있었다고 보는 사람도 있다(문헌 [35]). 사실 이 무렵부터 그는 가끔 환각에 빠지게 되었다.

학문의 패러다임을 크게 바꿔 적을 만한 창조적인 작업이라는 것은 과거의 역사를 보아도 명백한 것처럼 보수적인 대학 아카데미즘의 내부에서는 일어나기 어렵다.

'심층심리학'이라고 하는 학문 분야는 프로이트와 융이라는 두 거인의 아카데미즘과의 장절(壯絶)한 싸움에 의하여 막을 열었다. 그 뒤의 두 사람의 명성으로 보면 믿어지지 않는 일이지만 두 사람은 실제로 생애에 걸쳐 아카데미즘으로부터 계속 무시당하였던 것이다.

무의식과의 대화

융으로서 다행이었던 것은 자기 자신이 우수한 정신과 의사였던 것이다. 그는 자기의 '무의식'과 '대화'함으로써 이 난국을 극복하여 갔다.

'대화' 수단의 하나가 '꿈'이다. '꿈'이 '무의식'으로부터의 메시지라는 것은 이미 프로이트가 찾아내고 있었으나 융은 그것

『꼬마 마루코 양』(제8권)의 만다라
(사쿠라 모모코 작품, 集英社 리본 마스코트 코믹스에서)

을 거듭 발전시켜 신경증의 치료 등에 효과적으로 사용하고 있었다. 풍부한 임상 경험을 바탕으로 분석법을 연구하고 있었다고 생각된다.

융은 또 이 무렵 유아기로 거슬러 올라가서 자기의 정신사(精神史)를 상세히 검토하고 있었다. 이것도 '무의식'과의 '대화'의 한 수법일 것이다. 『융 자서전(문헌 [34])』은 융이 80세가 지나서부터 쓰기 시작한 것이나 유아기부터의 정신사가 놀랄 만큼 선명한 것은 이 때문이다.

'무의식'과의 '대화'의 또 한 수단은 소위 '만다라(Mandala)'이다.

"『꼬마 마루코 양』이라는 만화를 알고 있겠지요?"

D 박사는 또 갑자기 만화 화제를 내놓았다. 사쿠라 모모코 작품인 『꼬마 마루코 양(ちびまる子ちゃん)』을 모르는 사람은 없을 것이다. 소녀 잡지에 연재되고 있는데 그 표제의 페이지에 언제나 컬러 인쇄된 원형의 문양이 그려져 있다. 꼬마 마루코를 중심으로 뱀이나 토끼 등의 동물이나 식물이 배치되어 있다. 그것이 '만다라'라고 하는 것이다.

──나는 매일 아침 필기장에 작은 원형의 그림, '만다라'를 그렸다. 그것은 그 당시 나의 내적 상태에 걸맞은 것처럼 생각된 것이다. 이들 그림의 도움으로 나는 매일매일 자기 마음의 변용을 관찰할 수 있었다(융, 문헌 [34] 1).

융이 만다라의 분석 방법을 확립하는 데에는 상당한 세월이 필요하였으나 훗날 이것을 환자의 정신분석에 응용하여 크게 치료 효과를 올렸다. 융 파의 정신분석 의사가 『꼬마 마루코 양』을 본다면 사쿠라 모모코의 '무의식'의 변용을 손바닥 보듯이 환히 알 수 있을지도 모른다.

피레몽과의 대화

이 무렵의 융이 '무의식'과 '대화'한 가장 흥미로운 예는 꿈속에서의 특정 상(像)과의 회화이다. 융은 그 상에 피레몽이라는 이름을 붙였다. 피레몽은 하얀 수염의 노인으로 이집트 헬레니즘적인 분위기를 갖고 있고 등에 물총새와 비슷한 날개를 달고 있었다. 그리고 융의 꿈이나 환각이나 공상 속에 계속 반복해서 나타나 마치 한 사람의 독립된 인격을 가지고 있는 것처럼 융과 대화하였다.

융의 피레몽〔융 『적(赤)의 서(書)』에서〕

——나의 공상 속 피레몽의 상은 내가 마음속에 만들어내는 것이 아니고 그것 자신이 독립된 생명을 갖는 것이라는 결정적인 통찰을 나는 통렬하게 느꼈다. 회화 속의 그의 발언은 내가 의식적으로는 생각도 못하는 내용이고 이야기를 하는 것은 내가 아니고 그라는 것을 확실히 알았다(융, 문헌 [34] 1).

융은 이 무렵 요가의 명상법을 독습하고 실천하고 있었다. 인도에서는 인생의 인도(引導)를 글루(스승)에게 구하는 제도가 있으나 요가 수행자 중에는 몇 세기나 이전 역사상 위인의 영혼을 스승으로 삼고 있는 예가 있다는 것을 알고 있었다. 그리고 바로 피레몽이 융에게는 스승임을 깨달아 많은 인도를 얻고 있었다.

융과 동양

융의 동양철학과의 관계는 '요가'의 실천에서 출발한 것 같으나 1910년대 후반은 오로지 『역경』의 연구에 몰두한다. 그는 단순히 문헌을 조사하는 것뿐만 아니고 손으로 만든 점대(筮竹)로 끈기 있게 점(占) 실험을 하였다.

——이 실험에서 유일한 주체적인 개입은 실험자가 마음대로……즉 세지 않고……49본의 막대기 다발을 한 번에 잡아서 나누어 버린다는 것에 있다. 그는 그 분할된 다발에 각각 몇 본의 막대기가 들어 있는지 모른다. 그렇지만 점의 결과는 막대기의 숫자로 결정된다. 그 밖의 조작은 전부 기계적으로 진행하여 의지(意志)로 따른 간섭의 여지는 없다(융, 문헌 [34] 2).

이것은 확률 통계이론에서 생각하면 전적으로 어리석은 수법이다. 그런데 이 바보 같은 방법이 놀라울 정도의 적중률(的中率)을 보였다. 융은 몹시 놀람과 동시에 점점 '동양철학'에 빠져들어 갔다.

1922년 융은 취리히 호반(湖畔)의 보링겐에 토지를 사서 별장을 세웠다. 장작을 패고 원시적인 생활을 즐기면서 오로지 『역경』의 연구나 '요가'에 의한 명상에 빠져들어갔다.

이해 그는 빌헬름(Richard Wilhelms, 1882~1951)과 운명의 만남을 하고 있었다.

빌헬름은 그리스도교의 목사이고 1898년 그가 26세 때 중국 칭다오(靑島)에 선교사로 부임했다. 그런데 그 뒤 『논어』나 『노자(老子)』 등의 고전을 번역하는 동안에 중국문화에 매료되어 버렸다. 그리스도교를 선교하기는커녕 영혼의 밑바닥까지 '동양철학'에 선교당해버리고 그 뒤 유럽으로 돌아와 융과 만났다.

『역경』

빌헬름은 『역경』에 관해서도 라우사이슈안(勞乃宣)이라는 고명한 학자의 제자가 되어 가르침을 받았다. 1924년에 발행된 그의 상세한 주석이 붙은 『역경』의 명역(名譯)은 이 노스승의 협력을 얻어서 이루어진 것이다. 그 영어판은 1950년에 간행되었는데, 그 서문 속에서 융은 30년을 회고하여 다음과 같이 이야기하고 있다.

——나는 점(占)의 실제 면에 대한 통찰을 포함해서 빌헬름이 『역경』의 복잡한 문제에 관해서 매우 가치 있는 해명을 해준 것에 깊이 감사하고 있다. 실은 나 자신도 이 점(占)의 방법이 심리학적으로 보아 중요한 것이라고 생각하여 그를 만나기 전부터 은밀히 연구하고 있었다. 그러나 점을 치는 빌헬름을 보며 그가 그것을 실제로 유용하게 쓰는 것을 본 것은 나에게는 틀림없는 '하나의 체험'이었다. 나는 '무의식의 심리학'에 관한 나의 사고 방법이 목적에 적합한 유효한 것이라는 확신을 굳힐 수 있어 매우 만족하였다(융, 문헌 [35] 1).

빌헬름을 알게 된 다음부터 융의 '동양철학'에 대한 이해도는 급속히 심화되어 갔다. 그리고 자기가 가까스로 찾아낸 '무의식'의 원리를 몇천 년 전부터 동양의 성인들이 반복해서 이야기하고 있는 것을 알고 매우 놀랐다.

명상법

1928년 융은 이미지가 떠오르는 대로 만다라를 그리고 있었다. 그것은 중심에 황금의 성(城)이 있는 만다라였는데 완성되었을 때 융은 "어째서 이것은 이다지도 중국풍일까"라고 자문

만다라(大日如來蔓陀羅)

(自問)하였다.

　그 직후에 빌헬름이 『황금 꽃(華)의 비밀』이라는 책의 독일어역 원고를 보내와 융에게 주석을 써 달라고 의뢰하였다.

　융은 기묘한 우연의 일치에 매우 놀랐다. 그것은 단순히 '중국풍'이라든가 '황금색'이라든가 하는 수준이 아니다. 이 책은 도교의 '기공법'에서의 명상 방법을 기술한 것이었으나 융은 이것에 의하여 만다라와 인간의 정신구조와의 관련에 대한 그의 가설의 확증을 얻은 것이다.

　만다라의 중심은 '무의식'의 중심을 나타내고 있고 인간의 정신은 그 주변을 순행(巡行)하면서 중심으로 향하는 방향성을 간직하고 있다. 중심에 도달한다는 것은 불교에서 말하는 '깨달음'이다. 동양의 온갖 종교, 또한 '기공법'이나 '선', '요가' 등의 온갖 수행법은 사람들이 그 경지에 도달하는 것을 목적으로 한다.

『황금 꽃의 비밀』은 다음 해 빌헬름과 융의 공저로 간행되었다. 17년 전에 프로이트와 결별하는 계기가 되었던 『리비도의 변용과 상징』에서 융이 말하고 싶었던 것이 드디어 명확한 상(像)을 맺었다.

이 뒤의 융은 유럽의 동양학 연구자 사이에서 그를 모르는 사람이 없을 정도의 존재가 되어 갔다. 1932년 그는 인도학자 하우아와 협력하여 쿤달리니 요가의 공동세미나를 하였다. 그때 요가의 수행이 진행되는 상황과 『리비도의 변용과 상징』을 대응시켰다.

1933년에는 『티베트의 사자(死者)의 서(書)』 영역본 간행에 즈음해서 심리학적인 해설을 적는다. 이 책은 오늘날 말하는 '임사(臨死) 체험'을 다루고 있고 융에게 다대한 시사(示唆)를 주고 있다.

1939년에는 스즈키 다이세츠의 『선불교입문』 독일어 역에 서문을 기고하여 심리학적 관점에서 본 선의 해설을 하고 있다. 5장에서 언급한 프리초프 카프라가 선을 알게 된 것은 아마 이 책이라고 생각되어 흥미롭다.

융이 이 정도까지 '동양철학'에 빠져들어 간 것에는 커다란 이유가 있다. 프로이트와의 결별 원인이었던 '무의식'에 관한 융의 해석이 '동양철학'에 의해서 보기 좋게 뒷받침된 것이다.

무의식의 해석

앞에서 말한 것처럼 프로이트는 '무의식층'에는 식욕이라든가 성욕과 같은 동물적인 본능이 소용돌이치고 있고 '의식층'의 이성이 그것들을 억제함으로써 인간은 원활한 사회생활을 영위할 수 있다고 생각하였다. 결국 '의식' 쪽이 중요하고 상위에 있으며 '무의식'을 조절하고 있다는 것이다.

———천만의 말씀!

이라는 것이 융의 반론이다. 프로이트와는 전혀 반대로 '무의식'은 오히려 '성스러운 것'이고 '숭고한 것'이다. 출생 이전으로 거슬러 올라가서 과거의 일을 알고 있고 미래의 일도 가르쳐 준다. 자기가 나아가야 할 '길'도 보여준다. 결국 무의식은 '전지전능'이고 종교에서 '신'이라고 부르는 것에 매우 가까운 개념이라고 생각하였다.

보통의 인간은 아무리 노력하여도 '무의식'의 존재를 알 수 없고 '대화'하는 것 등은 전혀 불가능하다. 잘 훈련된 정신분석 의사라면 '꿈'이나 '만다라'를 주의 깊게 분석하여 '무의식'으로부터의 메시지를 아련하게 알 수 있다.

융은 빈번하게 '예지몽'을 꾸고 있다. 어머니나 빌헬름의 죽음을 수일 전에 꿈으로 예지하고 있었다. 1차 세계대전이 발발하기 직전에는 유럽이 온통 피투성이가 되는 불길한 꿈을 수개월에 걸쳐서 몇 번이나 꾸었다. 그때에는 어떤 일이 일어날 것이라고 예지하고 있었으나 그러한 융도 이 꿈을 해석할 수 없었고 공포에 부들부들 떨었다(문헌 [34] 1).

'꿈'의 '무의식'으로부터의 메시지라는 것은 이미 프로이트 이래 몇몇 정신분석 의사에 의해서 실증되어 왔다. 사실 꿈의 해석은 정신장해의 치료에는 이미 없어서는 안 되는 수법이다.

그 '꿈'이 미래를 이야기한다고 하는 것은 어떠한 것일까. '무의식'이 '전지전능'이라고 생각하지 않는 한 설명이 안 되는

146

것이 아닌가.

이것은 『역경』의 '괘(卦)'에도 들어맞는다. 어느 정도의 수행을 쌓은 사람의 '괘'가 잘 들어맞고 때로는 '예지(豫知)'도 가능하다는 것을 융은 빌헬름과의 실험으로 확인하였다. 이것도 '무의식'으로부터의 메시지라고 생각하면 알기 쉽다.

이렇게 생각해 가면 '무의식'이 개인에 소속되는 것이 아니라는 게 명백해진다. 빌헬름이 세운 '괘'와 융의 그것이 일치한다. 이것은 서로의 '무의식'이 실은 공통이라는 것이 아닐까.

'당신'도 '나'도, '과거'도 '현재'도 '미래'도, 모두가 **혼연일체**가 되어 있다——그것이 '무의식'인 것은 아닐까.

이와 같이하여 융의 '집단 무의식(Collective Unconsciousness)'이라는 사상이 확립되어 갔다.

홀로그래피 모델과 집단 무의식

"심층심리까지 파고들어 생각하면 말이죠, 결국 인간도 왕벌레(王蟲, Worm)와 같을 것입니다. 개(個)이면서 전(全), **전이면서 개**라고 말이죠……."

『바람계곡의 나우시카』로 시작된 이야기는 가까스로 완결되었다.

D 박사는 명쾌하게 웃고 커피를 따라주었다. 잠시 동안 화제는 테니스나 골프 쪽으로 돌아갔고 나는 귀가할 계기를 찾고 있었다. 그러나 귀가하기 전에 한 가지만 더 질문하려고 한 것이 큰 잘못이었다. 나는 또 여러 시간에 걸쳐서 융에 대한 이야기를 듣게 되었다.

왕벌레〔미야자키 하야오(宮崎駿) 『바람계곡의 나우시카』 제1권, 도쿠마서점간에서〕

"그런데 D 박사님, 예전에 말씀하셨던 봄이나 프리브램의 **우주 홀로그래피 모델**과 융의 **집단 무의식**은 어떠한 관계에 있는 것입니까?"

──음!

D 박사는 신음하고 턱에 손을 대며 천장을 바라보았다. 잠시 동안 조용한 가운데 구식의 벽시계 소리만 들렸다.

"잠깐 생각해 보니까 아무런 관련도 없는 것처럼 보이지만……."

한쪽은 인간의 심층심리 이야기이다. 또 하나는 소립자의 엄밀한 물리를 추구해간 양자역학에서 출발한 '우주 모델'이다.

프리브램 쪽은 대뇌생리이기 때문에 심층심리와 관련이 있을 것같이도 보이나 뇌 속 기억의 물리적인 분포에서 출발한 모델이다. 결국 데카르트적으로 생각하면 융의 설은 '마음(心)'이고 프리브램의 설은 어디까지나 '물체'를 대상으로 하고 있다.

또한 융의 '집단 무의식' 속에는 '영혼의 성장가설'이 포함 되어 있다. '요가'나 '기공법' 등 각종 명상법의 실천 또는 융이 한 것처럼 '꿈'이나 '만다라'를 통해서 자기의 '무의식'과 대화를 계속하면 '혼'은 차츰 '높은 수준'으로 인도된다. 결국 단순한 '우주 모델'이라기보다는 매우 종교적 색채가 강한 가설이다.

한편 봄의 '암재계'는 '영혼의 성장'과는 관계없이 온갖 물체나 의식, 시간이 간직되어 있는 '전체로서 불가분한 하나의 우주' 모델을 제창하고 있다.

융의 가설은 '의식'의 밑바탕에 '무의식'이 있고 그 '무의식'은 실은 모든 인간에게 공통이라고 하고 있다. 봄은 인간의 의식뿐만 아니고 신체도 길가의 돌멩이도 **평등하게** '암재계'에 간직되어 있다고 말한다.

내용이 매우 다른 것이다.

"그렇지만 말이죠, 놀랄 만큼 유사점이 많은 것이죠."

──**시간의 상대성** '암재계'에서도 '집단 무의식'에서도 과거, 현재, 미래가 뒤범벅이 되어 들어가 있다.

──**분할 가능한 하나의 우주** 얼핏 보기에 개별적인 인간, 개별적인 물체로 보이는 것은 실은 '집단 무의식' 암재계를 통해서 모두가 연결되어 있다는 우주관.

──**저승의 존재** 우리들이 지각할 수 있는 마음의 세계(의식층)의 배후에 전혀 지각 불가능한 세계(무의식층)가 존재한다. 마찬가지로 지각 불가능한 질서인 '암재계'를 가정하고 있다.

──**동양철학과의 유사성** '베다철학' 『역경』을 비롯해서 힌두교, 라마교, 불교, 도교, 유교 등이 가르치고 있는 우주관과 일치하고 있다.

"그렇지만 그것은 양자 모두 동양철학에서 배운 것이니까 당연히 일치한 것이 아닙니까?"

"아니, 아니, 아니, 아니……."

융과 봄의 일치

D 박사는 나의 갑작스런 반론에 말을 머뭇거렸다.

"오히려 반대겠지요. 융은 유아기부터 수많은 체험이나 정신분석 의사로서의 풍부한 임상 경험을 통해서 독자적인 가설을 조립해 간 것이라고 생각합니다."

다만 당시 학문 수준과 너무나도 괴리되어 있고 아무도 찬동자가 없었기 때문에 여지껏 조금도 확신을 가질 수 없었다. 그것이 동양철학을 배움으로써 뒷받침을 받을 수 있었다는 것이 진상일 것이다. 그는 앞에서 말한 『황금 꽃의 비밀』의 해설에 다음과 같이 적고 있다.

――나는 중국철학에 대해서 아무것도 모를 때 실지의 정신과 의사로서 또한 심리요법가로서의 경력이 시작되었다. 나의 환자 중에는 한 사람의 중국인도 없었으나 그들의 심적 발전을 연구해서 얻은 것은 수천 년래 동양의 가장 우수한 정신의 소유자들이 애써서 개척해온 비밀의 길과 참으로 잘 대응되었다(융, 문헌 [35] 1).

봄에 대해서도 아마 자기의 사고가 가끔 '동양철학'으로 뒷받침될 것이라고 D 박사는 말한다.

"융이나 봄이나 프리브램이 발견한 것과 수천 년 내의 많은 동양 성인들이 발견한 것이 우연히도 일치하였다고 하면 말이지요……."

그렇지만 '근대과학의 방법론'에 비추어서 확실히 실증될 때까지는 당분간 '가설'에 그쳐둔다는 것이 과학자의 태도라고 한다.

가설 9	인간의 마음은 자기가 지각할 수 있는 '의식'과 통상의 상태에서는 인지할 수 없는 '무의식'의 2층 구조로 되어 있다. '무의식'은 시간을 초월하고 있다. 또 '무의식'은 개인에게 소속되는 것이 아니고 인류 모두에게 공통이다 (융의 '집단 무의식' 가설).
가설 10	'의식'과 '무의식'이 완전히 일체화된 상태는 불교에서 말하는 '깨달음'의 경지이다. '기공법', '선', '요가', '초월 명상법' 등의 각종 동양적 수행법의 궁극적 목적은 이 경지에 도달하는 것이다(융 외).
가설 11	융의 '집단 무의식'과 봄의 '암재계'는 표현은 다르나 내용은 동일하다(D 박사).

7장
「기(氣)」의 정체에 덤벼든 사나이

라이히, 천재인가 그렇지 않으면……

"프로이트의 제자 중에 또 한 사람 흥미로운 인물이 있었지요."

라이히(Wilhelm Reich)는 오스트리아 빈대학 의학부 출신이고 프로이트의 직계 제자 중 한 사람이다. 그러나 사제 간의 연령 차는 41세나 되어 만년 제자라 할 수 있을 것이다.

프로이트와 융이 '리비도'의 해석에 관해서 예리하게 대립한 것은 앞 장에서 소개하였다. 두 사람의 대립은 어디까지나 정신의 세계에 한정시킨 논의였던 것에 반해서 라이히는 차츰 '리비도'를 실재(實在)의 에너지와 관련지어 생각하게 된다. 이러한 접근으로부터 라이히는 뒤에 '오르곤(Orgon)'이라 부르는 생채 에너지 개념을 제창하였다(문헌 [36], [37]).

라이히는 스트레스나 정서적 체험이 만성적인 근육의 긴장이 되어서 남게 되고 이것에 의하여 생채 에너지의 자유로운 흐름이 저해되어 정서적인 장해가 발생한다고 생각하였다. 이 근육의 긴장을 라이히는 '성격의 갑옷'이라 불렀다. 그 사람의 과거 정서적 역사의 주된 요소가 '갑옷'에 반영되고 있고 성격을 형성하고 있다는 설이다. 어른이라면 다소간의 '성격의 갑옷'이 존재하고 있고 정신장해를 가진 사람은 보다 현저하다고 한다.

라이히의 치료법은 호흡법이나 운동, 자세를 바르게 하는 것에 의해서 '갑옷'을 파괴하는 것이다. 그렇게 하면 과거의 정서적 외상 체험(外傷體驗)이 의식 속에 떠올라 근육의 장해와 함께 풀린다. 라이히는 정신요법으로 신체에 대한 작용을 이용한 최초의 정신분석 의사이고 롤핑(4장 참조) 등 많은 요법의 선구자가 되었다.

라이히는 게다가 전 인류의 온갖 질병의 원인을 정신적, 감정적 또는 정서적인 스트레스라 하고 '오르곤 기능주의(Orgonomic Functionalism)'라 부르는 철학을 제창하였다.

이 철학에서는 '마음과 신체' 또는 '정신과 물질'을 한 존재의 양면(兩面)이라고 정의하고 있고, 데카르트의 '물심이원론'에 정면으로 대립하고 있다.

"역시 동양철학의 영향입니까?"

현명한 독자는 이미 알아차렸을 것으로 생각하나 라이히의 사고 방법은 다름 아닌 '기공법' 바로 그것이다. 오르곤 에너지는 '氣'이고 질병의 원인에서 치료법에 이르기까지 '기공법'이나 '베다철학'이 가르치는 것과 조금도 다를 바가 없다.

그러나 나의 질문에 대한 D 박사의 대답은 부정적이었다. 그가 조사한 기록의 범위에서만 보면 라이히가 '동양철학'의 영향을 받았다는 보고는 없다. 그렇지만 빌헬름의 『역경』 독일어판이 출판된 것이 라이히가 27세 때이고 『황금 꽃의 비밀』의 출판이 32세 때이므로 라이히가 이것들을 읽고 있었을 가능성은 있다.

"이상하게도 융과 라이히는 거의 교류가 없었던 것 같습니다."

함께 프로이트에게 사사(師事)하고 정신분석 의사로서 명성을 얻었으며 마찬가지로 '리비도'의 해석을 둘러싸고 프로이트와 대립하여 헤어졌다. 더구나 두 사람의 철학은 놀랄 만큼 서로 닮은 데가 있다. 그러나 그렇게도 상세한 『융 자서전(문헌 [34])』 속에서도 라이히의 이름은 찾아볼 수 없다.

"라이히는 비명에 죽었습니다."

라이히의 업적

프로이트와 헤어진 라이히는 1939년에 미국에 건너가 여러 가지 놀랄 만한 연구를 수행하였다.

㈎ 무생물로부터의 생물 생성
㈏ '오르곤 에너지' 특성의 파악
㈐ '오르곤 에너지 수집기(ORAC: ORgon energy ACcumulator)' 의 발명
㈑ '구름 파괴 장치(Cloud Buster)'에 의한 기상 제어 연구
㈒ UFO와 우주인의 연구

당연한 일이나 그는 학문 세계는 말할 것도 없고 일반 사회에서도 받아들여지지 않았다. 국제정신분석학회에서 제명되고 그의 'ORAC'(후술한다)를 이용한 치료법은 미국 메인주의 법률에 저촉된다고 하여 금지되었다.

1954년 미국 식품의약국(FDA)의 출두 명령에 응하지 않았기 때문에 이듬해에 투옥되고 그다음 해에 발광으로 옥사하였다. 그때 나이 61세였다.

탁월한 정신분석 의사였던 그도 자기 자신의 정신 조절은 마음대로 되지 않았던 것일까.

앞에서도 말한 것처럼 선구적인 업적을 남긴 대부분의 연구자가 학문 세계에서 처음에는 대단한 박해를 받았다. 그러나 예컨대, 2장에서 소개한 라인은 일생을 소비하여 '초심리학'을 정통적인 학문의 일부로 인정시키는 데 성공하였다.

프로이트나 융은 박해를 받으면서 '심층심리학'이나 '정신분

석학'을 수립하였다. 융은 '신비주의자'라는 낙인이 찍혀 있기
는 하였으나 통상의 심리학에서도 현저한 업적을 올렸다. 예컨
대, 우리들이 일상 사용하고 있는 '내향적', '외향적'이라는 표
현은 융의 성격분류학에서 나왔다.

그에 반해서 라이히는 철저하게 학문 세계로부터도 일반 사
회로부터도 계속 거부되었다.

아마도 비명의 죽음을 한 것 때문에 그와 그의 성과를 말살
하는 경향이 보다 강하게 된 것으로 보인다. 오늘날에도 일반
에게는 그에 대한 것이 거의 알려져 있지 않다.

단지 극히 소수의 '초심리학'이나 '사이(Psy)과학' 연구자나
대부분 세간에서는 알려져 있지 않은 열광적인 라이히 숭배자
사이에서 오늘날까지 구전(口傳)되고 또 추시험이 행하여지고
있다.

"근대과학의 **방법론**에 비추어서 라이히의 연구 성과의 잘잘못을
논하는 것은 굉장히 곤란합니다."

아마도 대답은 "아니다"일 것이라고 한다. 라인조차 극히 간단
한 '초능력' 실험을 인정시키는 데 30년을 소비했다. '근대 과학
의 방법론'은 그만큼 엄밀하고 또한 몹시 귀찮다. 우리들이 상식
이다, 당연하다고 생각하고 있는 것이라도 막상 '근대과학의 방
법론'에 따라 엄밀하게 증명하려고 하면 곤란한 일이 많다.

"라이히의 연구 성과가 모두 옳다는 것은 아닐지도 모르지만……."

확실히 라이히가 말하고 있는 것은 황당무계하게 들리는 내
용도 있고, 곳곳에서 논리의 비약도 볼 수 있다. 그러나 차마
엉터리라고 단정 짓고 무시할 수 없는 예리성을 간직하고 있는

156

것도 사실이다. 일단 가설로서 채용하여 검증해 볼 만한 가치는 있는 것이 아닐까 하고 D 박사는 말한다.

카프라도 그 저서(문헌 [28]) 중에서 라이히 신체의 비뚤어짐과 정신적 비뚤어짐에 관한 연구 성과를 높이 평가하고 있다.

오르곤 에너지
라이히가 정리한 '오르곤 에너지'의 특징은 다음의 칼럼과 같다.

☆칼럼☆

오르곤 에너지(氣)의 특징

(A) 대기 중의 도처에 있고 충만되어 있다.

(B) 팽창, 수축, 비틀림 등 끊임없이 움직이고 있고 맥동(脈動)하고 있다.

(C) 직접 관찰할 수 있다(주: 누구나가 관찰할 수 있는 것은 아니라고 생각된다. '기공법' '요가' '명상법' 등의 훈련이 진행되면 인간이나 수목이 주위에 발산하고 있는 '氣'가 보이게 된다고 한다. 라이히에게 그 능력이 있었던 것일까?).

(D) 모든 물질을 관통한다. 다만, 물질에 따라 전반(傳搬) 속도는 다르다.

(E) 물은 오르곤 에너지를 강력히 끌어당겨 흡수한다.

(F) 질량은 제로이다(주: 이것은 라이히가 어떠한 측정으로 결론지은 것인지 불명).

(G) 엔트로피 증대의 법칙(열역학의 제2법칙)에 반한다(주: 자연계는 항상 질서로부터 무질서로 향하려는 성질이 있다. 그 때문에 형체가 있는 것은 반드시 붕괴되고 방 안의 공기가 갑자기

한구석으로 모여 버리는 것과 같은 현상은 발생하지 않는다. 그
런데 오르곤 에너지는 그 범위에 들지 않고 밀도가 낮은 곳에
서 높은 곳으로 모이거나 한다).

(H) 생명체는 오르곤 에너지를 잘 흡수한다. 음식물이나 물과
함께 섭취될 뿐만 아니고 호흡이나 피부를 통해서 직접
섭취한다.

(I) 전자기(電磁氣), 마찰, 방사능 등과 민감하게 반응한다.

(문헌 [36])

'기공법'이나 '요가'에서도 '氣'나 '프라나'에 관한 여러 가지
기술(記述)은 있다. 그러나 동양철학의 상례(常例)로서 단정적인
'결론'만이 제시되어 있고 '실험 방법'이나 '관찰 방법'의 기술
이 없다. 역시 다분히 종교적인 것이다.

그러한 의미에서 라이히의 업적은 여러 가지 미비점은 있었
으나 '氣'를 과학적으로 처음 관측한 예라고 말할 수 있을지도
모른다. '초심리학'이나 '사이과학'의 연구자들이 빠짐없이 라이
히의 논문을 참고하는 것은 그 때문일 것이다.

라이히의 ORAC

라이히는 또한 공기 중의 '오르곤 에너지'를 수집하는 장치
'ORAC'를 개발하였다.

이것은 금속과 비금속을 교대로 쌓은 벽으로 구성된 단순한
구조의 상자이나 수십 년에 이르는 실험에 의해서 놀랄 만한
효과가 보고되어 있다.

ORAC의 제작 방법과 주의사항, 또 ORAC에 의한 효과를

158

칼럼에 보인다. ORAC와 방사선의 상호작용은 전적으로 우연히 발견되었고 무서운 결과로 끝났다.

한번은 연구자가 1㎎ 정도 미량의 라듐을 ORAC 안에 설치하였다. 보통은 인체에 전혀 영향이 없는 안전한 양이다. 그런데 잠시 후 가이거 계수관(Geiger Counter)이 격렬하게 반응하게 되고 곧 그 방에 출입한 연구자 전원이 심하게 건강을 해쳤다. 뿐만 아니고 건물 주변의 식물을 마르게 하고 주변 전체가 방사능에 오염되어 버렸다.

직접적인 인과관계는 분명치 않으나 사태 조사에 임한 물리학자가 조사 직후 사망하였다.

이 밖에도 병원 내에 설치된 'ORAC'가 같은 건물의 다른 층에 있는 뢴트겐 장치의 영향으로 오염 상태가 되어 사람들의 건강을 해친 예도 보고되어 있다. 또 텔레비전이나 형광등이 있는 방에서는 'ORAC' 내에 들어간 사람이 불쾌감을 호소하는 일이 많았다고 한다.

라이히는 활성이나 유동성을 상실한 '오르곤 에너지'는 오히려 인간의 건강에 나쁜 영향을 준다고 생각하여 그것에 'DOR(Deadly Orgon)'이라는 명칭을 붙였다. 인체의 내부에서도 '오르곤 에너지'가 유동성을 잃고 'DOR'로 축적되고, 그것이 질병의 원인이 된다고 기술하고 있다.

또한 사막이 불모(不毛)인 것은 'DOR'이 축적되어 있기 때문이라는 가설도 제창하고 있다.

7장 「기(氣)」의 정체에 덤벼든 사나이 159

☆칼럼☆

오르곤 에너지 수집장치(ORAC) 제작 방법과 주의사항

⑴ 상자의 형상은 정육면체, 직육면체, 원통형 등이 바람직하다. 원뿔형, 삼각뿔, 정사면체, 피라미드형 등은 생명에 유해한 효과가 보고되어 있다.

⑵ 상자의 벽면(壁面)은 금속과 비금속을 교대로 몇 층 포갠다. 층이 많을수록 효력이 강하게 되는 경향이 있다.

⑶ 상자의 내벽은 반드시 금속이 노출되어 있어야 한다. 페인트, 래커, 바니시 같은 것을 칠하면 효력은 감소되나 전기도금은 이 범위에 들어가지 않는다.

⑷ 상자의 외벽은 반드시 비금속일 것.

⑸ 벽면과 벽면을 합친 부분에서 금속이나 비금속은 반드시 연속일 필요는 없다(연속이라도 좋다). 또 상자는 기밀(氣密, Air-Tight)일 필요는 없다. 결국 6매의 다층판(多層版)을 단순히 (대충) 조합시켜서 상자를 만들면 충분한 효과를 얻을 수 있다.

⑹ 금속으로는 철, 스틸 울(Steel Wool) 또는 철망이 바람직스럽다. 알루미늄, 스테인리스 스틸, 구리, 납 또는 그것들로 만든 망을 사용하면 인간의 건강에 유해한 작용이 있다고 보고되어 있다.

⑺ 비금속으로는 울(Wool), 면, 플라스틱, 파이버 보드, 파이버, 유리 등이 바람직스럽다. 나무, 합판, 우레탄, 폴리우레탄 등은 효력을 발휘하지 않는다.

⑻ 방사선에는 매우 민감하게 반응하고 인간의 건강을 현저하

게 손상시키는 일이 있다. 뢴트겐 장치는 멀리 떨어진 방에 있어도, 또한 잠시 사용하고 있지 않아도 유해한 효과를 준다(따라서 병원 안에서 ORAC를 사용하는 것은 위험하다).

 원자력 발전소나 방사성 폐기물을 취급하고 있는 시설로부터는 30마일(약 48㎞) 이상 떨어져 있을 것. 세계의 어딘가에서 원자 또는 수소폭탄의 실험을 행한 경우 또는 원자력 발전소 사고가 발생한 경우에는 상당 기간 사용을 피하는 것이 좋다. 방송국이나 고압선 부근에서의 사용도 불가하다. 또 방 안에 형광등, 텔레비전, 컴퓨터 디스플레이, 전자레인지 등을 놓아두어서는 안 된다(가령 잠시 동안 사용하고 있지 않아도 유해하다).

⑼ 사막 근처에서 사용해서는 안 된다. 또 비 오는 날이나 습도가 높은 날에는 효력을 발휘하지 않는다.

⑽ ORAC가 정상적으로 가동하고 있을 때에 그 안에 앉은 인간은 따뜻하고 쾌적하며 느긋한 느낌을 받는다. 반대로 불안이나 침착하지 못한 느낌이나 죄어지는 느낌이 들 때는 유해한 물질(DOR=후술한다)이 축적되어 있을 염려가 있으므로 즉시 사용을 중지할 것. 그리고 상기 ⑻, ⑼의 체크를 할 것.

⑾ ORAC 안에 너무 장시간 앉아 있으면 오르곤 에너지 과다 상태가 되어 오히려 건강을 해칠 가능성이 있다. 1회 사용 시간은 45분간을 넘지 않을 것.

☆칼럼☆

ORAC의 효과

(1) **온도의 상승** 주의 깊게 제작된 같은 비교 대상의 상자에 비해 ORAC 내부의 온도는 0.2~0.7℃ 상승한다. 다만, 비 오는 날이나 습도가 높은 날 또는 방사선의 영향이 있을 때에는 이 범위에 들어가지 않는다.

(2) **정전기의 보존 효과** 정전검전기(靜電檢電器)에 의하여 방전 시간을 측정하면 ORAC 내는 비교 대상 상자보다 장시간 정전기를 보존한다.

(3) **증발 억제 효과** ORAC 내에 놓인 용기 속 물은 비교 대상 상자 속에 비하여 물의 증발이 늦다. 상기 (1)처럼 온도가 높은데도 불구하고 증발이 억제되는 것에 주목할 만한 가 치가 있다.

(4) **식물의 성장, 발아, 개화 등의 촉진 효과** ORAC 중에서 정 기적으로 '충전(充電)'된 식물이나 종자는 성장이 빠르다. 다 만, '과충전'은 역효과가 되기 때문에 주의를 요한다.

(5) **질병의 치유, 건강의 증진 효과** ORAC 속에 앉아 있으면 몸의 중심부나 피부가 따뜻하게 느껴진다. 외상(外傷)의 회 복이나 각종 정신적, 육체적인 장해의 치유에 효과가 있다 고 보고되어 있다. 다만, 고혈압, 동맥 폐색성 질환, 심부 전, 기관지 천식, 고초열(枯草熱), 십이지장궤양, 뇌나 간장 에 전이된 암, 히스테리 등의 치료에는 절대로 ORAC를 사용해서는 안 된다. 또한 암의 치료에 ORAC는 거의 효 과가 없다고 보고되어 있다. 또 식물의 경우와 마찬가지로 '과충전'은 유해하기 때문에 주의를 요한다.

가설 위에 가설을 포개면 어떠한 것이라도 성립한다

가설 위에 가설을 포갰다

"……라이히의 생애는 수수께끼에 싸여 있습니다……."

라인은 '초능력'의 증명에 일생을 소비하였다. 융은 생애를 걸고 인간의 '무의식'을 탐구하였다.

그에 반해서 라이히는 짧은 일생 동안에 매우 다방면의 여러 현상을 연구하여 실로 굉장히 많은 수의 가설을 제창하였다. 모두 매우 참신하고 종전의 상식으로부터는 괴리된 가설이다. 이러한 부류의 가설은 천재적인 연구자라도 일생을 걸고 하나를 검증할 수 있다면 좋은 편이다. 그것을 라이히는 수없이 제창하였다.

당연히 하나하나의 가설은 충분한 검증이 되어 있지 않고 학계나 세간으로부터의 비판과 일치되는 논의가 되어 있지 않다. 과학적인 자세로 검증을 시도한다는 것보다는 단정적으로 옳다고 일방적인 단정을 해버렸다. 따라서 관련자 이외의 입장에서 보면 가설 위에 가설을 포개고 있다고 보여 신용을 잃는 결과가 되었다.

라이히의 기상 제어와 UFO

"……기상 제어의 연구 등이 바로 그것이군요……."

라이히는 몇 가닥의 금속 파이프를 다발로 묶어 한쪽 끝을 물속에 담근 장치를 제작하고 이것을 '구름 파괴 장치(Cloud Buster)'라 이름 붙여 기상을 임의로 제어할 수 있다고 보고하고 있다.

구름은 오르곤 에너지의 분포가 진한 부분에 물방울이 응축해서 생성된다고 생각했다. 구름 파괴 장치를 구름으로 향해서 오르곤 에너지를 물에 흡수시켜버리면 없어진다고 하는 가설이다. 반대로 구름이 없는 방향을 향하면 물속의 오르곤 에너지가 흡수되어 구름을 생성하는 효과가 있다고 보고하고 있다.

공개실험에 성공하였다는 보고도 있으나 추시험은 거의 실패했다. 공개실험이 우연이었는지, 장치나 사용법이 잘못되었는지, 그렇지 않으면 라이히의 '초능력'의 도움이 없으면 장치가 작동하지 않는 것인지 지금으로서는 불명이다.

라이히는 또 빈번하게 UFO(미확인 비행물체)를 목격하고 있었던 것 같다. 그리고 UFO의 동력원은 오르곤 에너지라고 단정하고 UFO의 비행 후에는 'DOR'이 잔존하기 때문에 지구로서는 매우 위험하다고 말하고 있다.

그 '구름 파괴 장치'를 UFO 쪽으로 향하면 그들은 쏜살같이

164

UFO는 실제로 존재하는가?

달아났다고 적혀 있다. 라이히는 지구를 구원하기 위하여 혼자
서 UFO에 대항하여 싸우고 있는 심경이 되어 있었다.

정말 그러한 것일까. 그렇지 않으면 이 무렵 이미 그의 정신
이 이상해져 있었던 것일까.

"……다만……."

D 박사는 신중하다. 융도 만년의 기술에서 UFO에 대해서
언급하고 있다. UFO가 실제로 존재하는지 어떤지는 분명한 말
을 회피하고 있으나 오히려 '현대의 신화'로서 인간의 '무의식'
에서 생긴 것이라는 가설을 보여주고 있다.

융에 국한되지 않고 '초심리학'이나 '사이과학'의 연구자 사
이에서는 UFO의 실재(實在)는 오히려 상식이다. 라이히가 유별
나게 이상스럽다는 것이 아닐지도 모른다.

"……그건 그렇고……."

'氣'의 여러 가지

결국 '오르곤 에너지'의 정체는 불명이다.

세계에서 같은 종류의 에너지의 존재를 인지한 연구자나 아마추어는 동서고금을 통해 꽝장한 숫자에 이르고 있다. 그 하나하나를 소개하는 것이 이 책의 목적은 아니지만 흔히 사용되고 있는 명칭을 칼럼에 열거하여 둔다.

부르는 방법은 다르지만 5000년 전의 '베다철학'에서 라이히나 최근의 '사이과학'에 이르기까지 이 미지의 에너지에 관한 기술은 놀랄 만큼 유사하다.

그럼에도 불구하고 현재에 이르기까지 그 정체는 수수께끼에 싸인 채로 있다.

166

☆칼럼☆

미지의 에너지의 호칭

(1) 氣(기공법)

(2) 프라나(베다철학, 요가)

(3) 오르곤 에너지(라이히)

(4) 타키온 에너지(유세)

(5) 오드 에너지(라이헨바하)

(6) 동물자기(動物磁氣) (메스멜)

(7) 에롭틱 에너지(히로니마스)

(8) 두뇌방사(頭腦放射) (프런너)

(9) 제로점(零點) 에너지(봄)

(10) 사이 에너지(사이과학)

(11) 사이코트로닉 에너지(사이과학)

(12) 바이오 플라스마(사이과학)

(13) 바이탈 플루이드(생명유체, 연금술)

(14) 법력(法力) (불교)

(15) 가지력(加持力) (불교)

(16) 라이프트론

(17) 생체 에너지

(18) 생명 에너지

(19) 생명 미자(微子) 〔세키(關)〕

(20) 우주 에너지(테스러 외)

(21) 공간 에너지

(22) 프리(Free) 에너지

(23) 마나

(24) 피라미드 파워

(25) 오라(Aura)

(26) 히란야 파워

(27) 헥사그램(六芒星, 線星形, Hexagram) 파워

기공법을 향한 과학적 접근

최근에는 중국이나 일본에서 '기공법'을 과학적으로 조사하려는 기운이 한창이고 각종 측정이 실시되고 있다. '외기공(外機功)'에서의 환자와 기공사(氣功師)의 뇌파(문헌 [17]), '원격겨냥' 때의 시술자(施術者)와 피험자(被驗者) 뇌파의 포토그래프(문헌 [21]), 또는 '외기(外氣)'를 발하고 있는 기공사 몸의 온도 분포 측정 예(문헌 [17]) 등은 허다하게 볼 수 있다.

'외기'를 발하고 있을 때 기공사의 손은 상당히 온도가 올라간다. 따라서 거기에서 적외선이 조사(照射)되고 있는 것은 자명한 이치이다(절대영도가 아닌 이상 온갖 물체는 적외선을 내고 있고 온도가 높을수록 그 강도는 강하다).

측정의 결과 그것은 적외선뿐만 아니고 미량의 가시광선을 포함하고 있고(파장 0.3~3미크론), 게다가 0.06~0.9헤르츠의 랜덤 펄스 상(狀)으로 변조(變調)되어 있다는 보고가 있다(문헌 [17]).

또한 그것과는 별도로 정전기나 정자기(靜磁氣)가 관측된 예도 있고 '氣'를 발하고 있는 부분이 미세하게 진동(震動)하고 있어 초저주파(1~8헤르츠)의 음파도 방사하고 있다는 것 같다(문헌 [17]).

"그렇지만 유감스럽게도 이것들은 기(氣) 바로 그것은 아닌 것 같습니다."

미약한 빛이나 음파로 이제까지 알려져 있는 '기'의 여러 가지 특성을 설명할 수는 없다. 오히려 이것들은 '기'의 방사에 수반해서 2차적으로 발생하고 있다고 생각하는 편이 좋을 것 같다.

'사이과학'에서는 '오라 미터(Aura-Meter)'라고 부르는 장치가 몇 종류 제안되어 있다. 인간이나 식물의 '氣(오라)'를 측정하기 위한 장치이다. 그러나 상당히 오랜 세월 동안 열심히 검토되고 있음에도 불구하고 오늘날에 이르기까지 '근대과학의 방법론'에 비추어 신뢰할 수 있는 측정법은 발견되지 않았다. 누가 측정하여도 같은 결과가 나오는 보편적이고 객관적인 데이터의 축적은 전무(全無)라 해도 된다.

역시 에너지의 정체가 불명이면 측정법의 개발도 잘되지 않는다. 또 실험은 비전문가에게는 곤란하고 상당히 훈련을 쌓은 실험물리학자의 협력이 필수적일 것이다. 현재 발표되어 있는 '氣'에 관한 측정 결과의 대부분은 전문가의 비판에 견딜 수 없을 것이라고 D 박사는 말한다.

재래의 과학 분야 연구자의 엄격한 비판을 받고 격렬한 논쟁에서 몇십 년을 견디어야 간신히 진짜가 된다. 그러한 의미에서는 라이히를 포함하여 현재까지의 '氣' 연구는 아직 논쟁의 출발점에도 당도하지 못하고 있다.

전자(電磁) 에너지도 잘 생각하면……

"전자 에너지에 대해서 인류가 확실한 지식을 얻은 것은 그렇게 옛날 일은 아닙니다."

맥스웰   패러데이

　뉴턴역학이 확립된 것은 1687년이라고 생각된다(『프린키피아
(Principia)』출판). 이 시점에서 자석의 작용은 잘 알려져 있었
다. 자침(磁針)이 남북을 가리키는 것이나 지구가 거대한 자석으
로 되어 있는 것 같다는 것은 이미 조사되어 있었다.

　그러나 전기에 관한 지식은 매우 부족하고 마찰정전기의 현
상이 겨우 발견된 정도였다.

　18세기에 들어서서는 도체(導體)와 부도체의 구별이 발견되었
고 또 오늘날 일컫는 콘덴서(축전기)가 발명되어 겨우 막연하나
마 '전기(電氣)'라고 하는 것에 대한 개념이 알려지게 되었다.
프랭클린이 연을 띄워서 천둥이 전기의 발전이라는 것을 증명
한 것은 잘 알려져 있다.

　연구가 급격히 진전된 것은 1799년 볼타(Alessandro Volta,
1745~1827)가 전지를 발명하고부터이다.

　1831년 패러데이(Michael Faraday, 1791~1867)는 철사 코일
근처에서 자석을 움직이면 전류가 생긴다는 것, 또 2개 코일의

한쪽 전류를 온-오프(ON-OFF)시키면 다른 쪽에 전류가 생긴다는 것 등을 발견하였다. 맥스웰(James Clerk Maxwell, 1831~1879)은 이들 전기와 자기(磁氣)의 상호작용을 기술하는 수학을 정식화(定式化)하여 전자기파의 존재를 예언하였다.

이 무렵의 물리학자들은 '뉴턴역학'이 궁극의 이론이고 우주를 지배하고 있는 근본 원리라고 생각하고 있었다. 당초의 천문학에서의 대성공에 머무르지 않고 '뉴턴역학'은 유체의 운동, 탄성체의 진동, 열역학 등에 확장되어 어느 것이나 훌륭한 성과를 올리고 있었다.

이에 반해서 패러데이와 맥스웰의 업적은 이 세상에서 '뉴턴역학'으로는 설명할 수 없는 현상이 존재한다는 것을 제시한 최초의 예가 되었다.

아직 이제부터……

'氣'라고 하는 것은 5천 년 전의 '베다철학'의 기술로 시작하여 면면(綿綿)하게 인류의 역사 속에서 반복 기술되어 왔다. 오히려 전자기보다도 그 역사는 오래될지 모른다.

그런데 그 현상의 파악, 측정 방법의 확립 등을 생각하면 확실히 17세기의 전자기학보다도 시시할지 모른다.

"아직도 연구자의 층이 얇습니다."

'氣'의 연구라 하면 아무래도 '초능력'과 관련된다.

그런데 잘 조사해 보면 인류의 역사에는 옛날부터 '초능력'이나 '초능력자'를 억압하는 경향이 있었다(다음 장에서 언급한다). '氣'나 '초능력'의 연구가 여간해서 시민권을 얻을 수 없는 하나의 원인은 그러한 부분에도 있을 것 같다.

"한시라도 빨리 과학자들이 '氣'의 정체를 해명하여 주기를 바라고 있습니다마는……."

자기도 과학자의 일원인데도 D 박사는 마치 남의 일처럼 말하였다.

"……氣의 정체가 밝혀진 뒤에 말이지요, 사실은 더 중요한 수수께끼가 있습니다."

그것은 '氣'와 융의 '집단 무의식'과의 관련이다. 혹시 '氣'가 해명된다면 온갖 '초상현상'이나 '초능력'의 구조도 밝혀질지 모른다.

가설 12	적당한 장치를 궁리함으로써 공기 중에 존재하는 '氣'의 에너지를 수집하여 농도를 높일 수 있다(라이히 외).

8장
사회가 초능력을 억압한다!

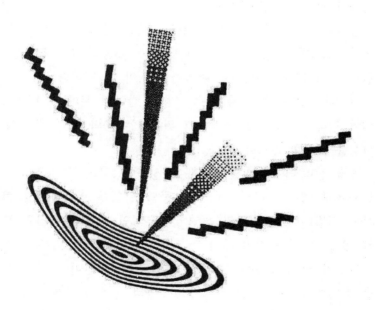

양(羊)과 산양(山羊)의 문제

"라인이 초능력의 존재를 실증하려 하고 있을 때 매우 기묘한 현상이 관측되었습니다."

이것은 흔히 '양과 산양의 문제'로 알려져 있다.

'초능력'의 존재를 믿고 있는 사람(양)이 주최한 실험에서는 높은 득점으로 '초능력'의 존재가 증명된 것에 반하여 회의론자(산양)가 한 실험에서는 부정적인 결론이 나오는 경향이 있다고 하는 것이다. 이것으로는 양 진영이 아무리 실험을 계속해도 논의가 맞아떨어지지 않는다.

통상의 실험이라면 누가 실험을 하여도 같은 결론이 나올 것이다. 조사하고 있는 대상은 피험자의 '초능력'이고 결과는 실험자의 의식이나 신념과는 관계가 없어야 할 것이다.

그런데 조사하면 조사할수록 '양과 산양의 문제'가 명백하게 되어 갔다. 이 현상을 설명하기 위해서는 융의 '집단 무의식'의 가설을 사용할 수밖에 없다.

결국 실험자가 회의론자이면 그 신념이 '무의식' 수준에서 피험자에게 영향을 주어 그 '초능력'의 발휘를 억압한다고 하는 사고 방법이다. 그렇다고 하면 '객관적'인 실험이는 것은 도대체 있을 수 없는 것이 된다.

라인이 극히 단순한 '초능력'의 증명에 30년이나 되는 세월을 소비해버린 이유 중 하나가 이 '양과 산양의 문제'였다.

오늘날에 이 현상은 '사이과학'이나 '초심리학'의 연구자 사이에서 잘 알려져 있고 피험자의 '초능력'을 믿는 사람들만으로 실험을 수행하는 것이 관습이 되고 있다.

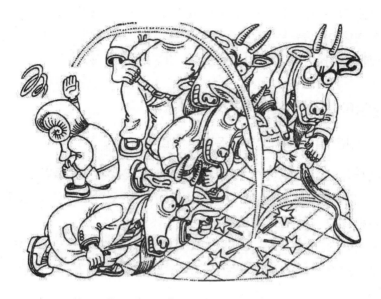

산양(회의론자)이 많으면 초능력은 발휘할 수 없다?

　——그래서 신용할 수 없다

라고 회의론자는 말할 것 같으나 이것은 사실이기 때문에 달리
방법이 없다. 회의론자 앞에서도 '초능력'을 발휘할 수 있는 것
은 어지간히 강력한 '초능력자'에 한정된다.

　'초능력 소년'이라고 일컬어지는 사람들이 가끔 악의에 가득
찬 매스컴 앞에서 '초능력'을 발휘할 수 없어 속임수를 쓴다는
사례가 있었다. 딱한 일이다. '초능력'에 대하여 회의적인 사람
앞에서 '초능력'의 존재를 증명하려고 생각하는 것은 무모하고
부상을 입게 되는 원인이다.

　필사적으로 증명하려 하지 않아도 먼 옛날에 라인에 의하여
적어도 그 존재는 증명되었고 회의론자는 단지 무지할 뿐이다.

그러나 그 무지 때문에 '무의식'의 억압 효과가 작용해서 그 사람의 면전에서는 누구도 '초능력'을 발휘할 수 없다. 그렇게 되면 회의론자는 점점 자기의 신념에 강한 확신을 갖게 된다.

신념이 사실이 된다?

"이것은 잘 생각하면 매우 무서운 것입니다."

세상의 모든 것은 어쩌면 사실이 있기 때문에 사람들이 신념(또는 상식)을 가지는 것이 아니고 신념(상식)이 있기 때문에 사실을 생기게 하고 있는지도 모르는 것이다.

사회라고 하는 것은 사람들이 집단으로 일련의 신념(상식)을 갖고 그것을 사실화하고 있는 구조인지도 모른다.

"적어도 초능력에 관해서는 이것이 들어맞는다고 생각해도 큰 잘못은 아니겠지요."

이것은 연구자들 사이에서도 아직 아무도 지적하고 있지 않은지 모르나 라인의 실험 결과의 당연한 귀결로서 다음의 가설이 성립된다.

가설 13	현재의 인류사회는 사람들의 '초능력' 발휘를 집단으로 억압하고 있다(D 박사).

라인의 노력에도 불구하고 현재 대부분의 문명국에서는 압도적으로 회의론자의 수가 많다. 회의론자가 많이 있으면 대부분

의 사람이 '초능력'을 발휘할 수 없고 "초능력은 존재하지 않는다"라는 상식이 '사실'로 그 사회에 정착해 버린다. 그렇게 되면 점점 회의론자의 수가 증가한다는 패턴이 된다.

부정된 초능력

일본의 경우에는 전술한 것처럼 메이지유신에 대한 것을 생각하면 알기 쉽다(3장).

동양적인 것, 신비적인 것, 근대과학으로는 납득될 수 없는 것 등의 일체를 미신이라 하여 부정하고 그것들을 믿는 사람들은 말로 표현할 수 없는 박해를 받아 왔다. 학문의 세계에서도 이 경향은 구미보다 훨씬 강하였다.

도쿄제국대학 심리학과의 후쿠라이 도모요시(福來友吉) 박사가 '투시 현상'이나 '염사(念寫) 현상'의 연구를 하고 있던 때는 라인이 듀크대학에서 '초능력' 연구를 본격적으로 시작하기 직전이었다. 유감스럽게도 후쿠라이 박사는 1913년 도쿄제국대학에서 추방되었고 그 이래 일본의 학문 세계에서는 정식으로 '초능력' 연구를 채택하는 연구자는 거의 없어졌다. 그의 연구는 1913년 일본어로, 1931년 영문으로 출판되고(『투시와 염사』 [7], 'Clairvoyance and Thoghtography'), 라인도 크게 참고로 한 것 같다.

이러한 선구적인 연구를 사회적으로 매장해 버린다는 것은 얼마나 일본 사회가 편협하였는가를 보여주고 있다. 또는 구미 선진국의 과학기술 수준을 쫓아가기 위해 그만큼 필사적이었던 증거일지도 모른다.

아무튼 사회 전체의 '무의식' 수준에서의 '초능력' 억압 효과는 구미 사회보다 오히려 강하였다고도 생각할 수 있다.

일본은 '동양철학'의 기반 위에서 사회가 발달되어 온 나라지만 우습게도 메이지유신 이래 스스로의 동양성을 부정하는 일에 기를 쓰게 되었다고도 말할 수 있다.

"그렇다고 하면 메이지유신 이전의 일본에는 **초능력자**가 우글우글했었겠네요."

D 박사는 웃었다.

만일, 그렇다고 하면 역사의 해석을 고쳐 생각해야 할지도 모른다.

메이지유신 이전 일본 사회 속에 '초능력자'가 어느 정도 있었는지는 솔직히 말해서 불명이다. 이만큼 억압이 강한 현재도 '초능력 소년'이나 신흥 종교 교조의 부류는 우글거리고 있다. 억압이 적었던 메이지유신 이전은 더 많았다고 해도 이상할 것은 없다.

"그렇지만 그 무렵은 초능력 현상을 그다지 이상하다고 생각하지 않았는지도 모르지요."

검호(劍豪)가 '원격겨냥'을 하거나 수행을 쌓은 승려가 '가지(加持) 기도'로 질병을 고치거나 하는 것은 오히려 상식이었을 것이다.

그러나 인류의 긴 역사를 되돌아보면 세계의 도처에서 여러 시기에 '초능력자'가 억압되어 온 것은 틀림없을 것이다.

말살된 초능력자들

태고의 시대에는 전술한 것처럼 '초능력자'가 모든 것이었다고 생각된다. 위정자이고 신관(新官)이며, 재판관이고 의사이기도 하였다.

오늘날에도 왕제(王制)나 천황제(天皇制)라고 하는 제도가 세습되는 것은 그 흔적이라고도 생각할 수 있다. 결국 '초능력'이나 '영(靈)능력'은 일반적으로 유전된다고 일컬어지고 있고 그 자손은 '초능력자'일 확률이 높다.

그런데 몇 세대가 지나면 혈통이 엷어져 '초능력'은 계승되지 않게 된다. 동시에 사회를 통치하는 시스템은 형식화(形式化)되고 '초능력' 없이도 운용할 수 있게 된다. 통치에는 반드시 부(富)와 권력이 늘 따라다닌다. 위정자가 그것을 지키려고 하면 사회에 진짜 '초능력자'가 없는 편이 편리하다. '초능력자'를 말살하는 훌륭한 동기가 존재하는 것이다.

태고의 시대에는 세계에서 실로 많은 '초능력자'가 은밀히 살해되었을 것이라고 추정된다.

결국 인류에게 사회라고 불리는 것이 발생한 바로 그 순간, '초능력자'는 억압받는 구조가 된 것이다.

일본의 사례

일본의 초(超) 고대(수만 년 전)에는 매우 질이 높은 '氣의 문명'이 있었다고 추정되며, '초능력자'들이 많이 있었다고 생각된다. 이것은 특히 '가타카무나' 문헌으로 알려져 있는 고대문서(1949년 楢崎皐月 씨가 해독한)에 '베다철학'이나 『역경』에 통하는 우주관이나 '기공법'에 통하는 훈련 방법이 기술되어 있는 것이 그 근거다.

물론 그 일부는 오늘날에 이르기까지 '신도(神道)' 등에 계승

사마대국의 비미호는 초능력자였다?

되어 있다. 그런데 그 시대부터 쇼토쿠(聖德) 태자(574~622) 시대까지의 사회에서 '氣의 문명'이 딱 두절되고 있다.

3세기 중반의 사마대국(邪馬台國)의 비미호(卑彌呼) 시대에는 분명히 앞에서 말한 것과 같은 '샤먼정치'가 행하여지고 있던 것이고 어느 시점인가에서 '초능력자'를 말살하여 '氣의 문명'을 근절해 버리는 행동을 취하고 있었을 가능성이 높다.

쇼토쿠 태자는 주지하는 바와 같이 불교를 보호하여 국정의 중심으로 삼았다. 사실(史實)에 따르면 이 무렵 중국으로부터 전래된 '도교(道教)'의 일파〔상세교(商世教)〕가 일본에서 크게 유행하여 태자는 이것을 사교(邪教)로서 탄압하고 소멸시켰다.

중국에서도 '도교'계의 '氣의 철학'은 민중의 손으로 건너가면 항상 반란의 철학으로 전화(轉化)한 역사가 있고 이것을 억압한 것은 안정된 정권을 유지하기 위해서는 현명한 선택이었다고 생각된다.

그러나 성인으로서의 명예가 있는 쇼토쿠 태자조차 '초능력자'를 억압하고 '氣'나 '초능력'을 위한 훈련 방법을 금지한 것은 주목할 만한 가치가 있다.

왜 억압하였는가에 관해서는 '도교'계의 훈련 방법을 천황가(天皇家)의 비밀로서 독점하려고 한 것이라는 설도 있다(문헌 [15]).

종교에 의한 억압

쇼토쿠 태자의 경우에는 위정자에 의한 '초능력' 훈련법의 독점이 참된 동기였다고 하면 고대에서의 억압 패턴과 다를 것이 없다. 그러나 표면적인 이유는 불교에 대한 '사교'라고 하는 레테르이다. 이것은 오히려 중세에서의 패턴이다.

중세에 들어서서 위정자는 이미 '초능력자'일 필요성이 없어지고 따라서 '초능력자'를 말살할 필요성도 없어진다. 그런데 이번에는 위정자를 대신해서 종교가 '초능력자' 말살의 길로 내딛는 것이다.

그리스도도, 석가도 또는 다른 종교의 창시자라 하더라도 매우 강력한 '초능력'을 갖추고 있었다고 생각된다. 그러기에 사람들을 끌어들이고 큰 발전을 이루고 종교를 창시할 수 있었을 것이다.

그런데 종교라고 하는 것은 대발전을 이루는 바로 그 순간 타락이 시작되는 숙명을 갖고 있다. 우선은 나라의 지배자와 장기간에 걸쳐 유착하여 부와 권력에 오염되어 버린다. 나라의 지배자는 때로는 정적(政敵)으로부터 타도되나 신의 이름을 들먹이는 종교는 여간해서 멸망하지 않는다.

거국적으로 포교가 진행된다면 종교 지도자에게 종교 그 자체는 차츰 중요하지 않게 된다. 오로지 국가 권력과 능숙하게 사귀어 상부상조하는 관계를 유지해 가면 된다.

더구나 나쁜 것은 종교단체 그 자체가 차츰 강대한 권력기구로 변신하고 지도층은 오로지 그 속에서 권력투쟁에 골몰하게 된다.

대발전을 이룩한 종교는 이미 창시자의 가르침이나 모습을 감추고 그 이상(理想)과 멀리 괴리된 존재가 되어 간다. 중세 유럽의 그리스도교는 바로 그 전형적인 패턴에 빠져들었던 것이 아닐까.

그리스도교의 미사 의식을 보면 '氣'를 높이기 위한 운동이 도처에 있다. 아마 초기 그리스도교의 사제들은 '氣'를 높이고 '정신성'을 연마하여 우주와 조화하고 그리고 하늘의 가르침을 사람들에게 설교하였다고 추정된다.

마녀재판

그런데 그리스도교가 사회의 정신적인 기반으로서 확립된 중세 유럽에서는 사제(司祭)를 지망하는 사람들의 관심이 반드시 순수한 종교심만은 아닌 것이다. 부와 권력투쟁에서 기쁨을 찾아내는 사람이 적지 않게 존재하고 있었다고 해도 이상하지 않다. 그리고 많은 사제에게 괴로운 수행은 의미를 갖지 않고 신의 권세를 믿고 으스대며 무질서한 생활을 하고 있었다고 보고되어 있다.

비극의 성녀(聖女) 잔 다르크는 처형대의 이슬로 사라졌다

　그렇게 되면 '초능력자'의 존재가 방해가 된다. 옛날 그대로의 '안수' 치료를 할 수 있는 사람 등은 사교로서 매장시켜 버리는 것이 편리하다.

　"이것이 유명한 마녀재판이 아니겠습니까."

　화려한 르네상스의 중세 유럽에서 화형(火刑)으로 처형된 '마녀'의 수는 수십만 명 또는 수백만 명이라고도 일컬어지고 있다.

　독일 나치에 의한 유태인 학살을 훨씬 웃도는 잔악 행위가 아주 장기간에 걸쳐서 공공연하게, 게다가 신의 이름을 사칭하여 이루어진 것이다.

　잔 다르크(Jeanne d'Arc, 1412~1431)가 마녀의 오명을 쓰고 화형을 당한 것은 유명한 이야기이다. 아마 이보다 훨씬 이전부터 '마녀재판'이 행해지고 있었다고 생각된다. 그렇다면 18세

184

기 말까지 무려 400년에서 500년 동안 '마녀재판'의 선풍이
유럽 사회에 세차게 불어대고 있었던 것이 된다.

비극의 원인

처형된 사람들의 대부분은 오늘날 말하는 '초능력자'였다고
생각된다. 아주 약간이라도 '초능력'의 일단을 보이면 즉각 밀
고되어 종교재판과 고문에 의한 강제 자백의 미끼가 되었다고
한다.

그런데 라인이 말하는 것처럼 인간은 누구나 '초능력'이 있고
또한 융이 말하는 것처럼 '무의식'과의 대화로 그것이 강화된다
고 하면 누구나 화형을 당할 가능성을 간직하고 있는 것이 된
다. 아마 당시의 사람들은 나치 정권하의 유태인과 비슷한 생
각으로 매일 전전긍긍하는 생활을 하고 있었던 것은 아닐까.

"……왜 그랬느냐고 해도 말이죠……."

D 박사에게도 왜 이러한 잔학 행위가 이처럼 장기간 계속되
었는지 참된 이유는 짐작이 가지 않는다고 한다.

한 가지 이유는 십자군에서 볼 수 있는 것처럼 매우 편협된
이교도 배척 사상일 것이다. 초기의 그리스도교에서는 절대로
없었다고 생각되나, 이 무렵은 이교도를 때려죽이는 것이 신의
뜻에 부응하는 행위라고 생각되고 있었다.

또 하나의 폐해는 교회제도일 것이다. 물론 교회제도는 그리
스도교의 포교에 대단한 위력을 발휘하였고 그 지역 사람들 마
음의 평안을 위해 크게 공헌한 것은 사실이다.

그런데 언제부터인가 일반 사람들이 신과 대화하는 것은 반

드시 교회를 통해서가 아니면 안 된다는 사상이 강요되었다.

융은 부친이 목사였기 때문에 이 사상의 모순을 알아차리고 교회제도를 예리하게 비판하고 있다(문헌 [34]).

이상의 두 가지 점에서 교회에도 가지 않고 '초능력'을 발휘하는 사람은 이교도이든지 악마의 사자에 틀림없다는 터무니없는 논리가 성립되어 버리는 것이다.

연금술은 수행법이었다

만일 이 당시 사제의 대다수가 자기 자신이 수행을 하고 '초능력'을 몸에 지니고 있었다면 '초능력'에 두려움을 품지 않았을 것이고 인류사상 드물게 보는 비극은 일어나지 않았을 것이다.

이 무렵 유럽의 일반 대중 사이에서는 '기공법'도 '선'도 '요가'도 거의 알려져 있지 않았다. 만약 보급되어 있었다면 비극은 더 확대되었을지도 모른다.

그런데 이들 동양적 수행법과는 전혀 별개로 '氣'를 높이고 '초능력'을 개발하는 훈련법이 실은 유럽에서 발달하고 있었다.

그것은 '연금술'이다.

연금술사들은 스스로의 정신적 덕성(德性)의 고매함이 물질의 변성(變成) 과정에 영향을 미친다고 믿고 평소부터 금욕적인 수행을 하고 있었다. 또한 작업 전에는 명상이나 기도를 하여 작업의 성공을 바라는 습관이 있었다.

그 결과 '선'의 '마경(魔境)'과 마찬가지 환각이 생겼다는 것이 보고되어 있다. 훈련의 방법론은 동양적인 수행법과 유사하였다고 추정된다.

융은 '연금술'의 심리학적 측면을 수십 년에 걸쳐서 연구하고

186

있었다. '요가' 등과 마찬가지로 '영혼'의 성장을 위한 수행법이라는 것이 그의 결론이다(문헌 [34]).

그러나 '마녀재판'이 성행한 중세에서 '영혼'의 수행은 매우 위험하였다고 생각된다. 가까스로 수행이 결실되어 '초능력'을 몸에 지니게 된 바로 그 순간 여러 차례 화형이 기다리고 있었다.

뉴턴과 마녀

근대과학의 아버지라고 불리는 뉴턴도 오랜 세월에 걸쳐서 '연금술'에 열중하고 있었다고 한다. 아마 명상법적인 훈련을 실행하고 있었다고 추정된다. 이 수행이 '만유인력'의 발견에 어떤 기여를 했을 가능성이 있다.

'연금술' 그 자체는 전근대적인 지식의 유물로서 역사 속에 매장되어 버렸지만 정신적인 훈련법으로서는 은밀한 공헌을 해왔는지도 모른다.

뉴턴은 또 '마녀'의 문제에도 깊은 관심을 기울이고 있었다. '연금술'의 문제와 '마녀'의 문제가 '초능력'을 통해서 관련돼 있음을 그는 알아차리고 있었던 것일까. 또는 봄이 한 것처럼 이들 문제의 배후에 잠재한 '우주 모델'의 구축에까지 생각이 미치고 있었던 것일까.

코페르니쿠스(Copernicus, 1473~1543)가 지동설 논문의 머리말에 '연금술'의 권위를 제안한 것은 유명한 이야기이다.

또 케플러(Johannes Kepler, 1571~1630)가 신플라톤주의*의

---

* 고대 그리스의 철학자 플라톤의 가르침. 영혼 불멸을 설명하고 영적인 세계에서의 실재(實在, 이데아)가 사물의 기본이라는 일종의 신비주의. 르네상스 후기에 번성하였다.

뉴턴

열렬한 찬미자이고 당시 이름이 알려진 점성술사(占星術師)였던 것도 잘 알려져 있다.

결국 근대과학의 세계관은 르네상스 시대의 신비주의적 오컬티즘 속에서 탄생하고 있다.

과학에 의한 억압

그런데 어느새 근대과학은 오컬티즘과 대결하는 존재가 되어간다. 그리고 갈릴레이 갈릴레오 이래의 과학 대 종교의 싸움에서 차례로 과학이 승리를 거두더니 이번에는 종교를 대신해서 과학이 '초능력'의 사회적 억압 도구로 사용된다.

근대과학으로 설명할 수 없는 상황을 모두 미신이라는 레테르를 붙여서 매장해 버리려고 했던 것이다.

"이러한 사회현상이라는 것은 세대를 초월해서 전파되는 느낌이 듭니다."

4세기 이상이나 되는 동안 '마녀재판'이라고 하는 인류사상

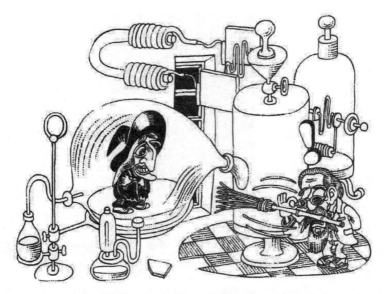

과학은 이제까지 초능력을 억압하여 왔으나⋯⋯

드물게 보이는 잔학 행위가 사회를 지배한 것이다.

사람들의 마음속에 '초능력'에 대한 공포와 억압이 매우 강력하게 달라붙어 있었다고 생각해도 틀림없을 것이다.

18세기가 되어 종교에 의한 사회의 지배력이 약화되면서 '마녀재판'도 차츰 시들해져 갔다. 그러나 그렇다고 해서 사람들의 마음속에 강력하게 깃들어 있는 '초능력'에 대한 '억압'이 갑자기 해제되었다는 것은 생각하기 어렵다.

종교에 의해서 정착된 '억압'이 이번에는 종교를 대신하여 사회 규범의 지위를 차지한 과학적 합리주의에 근거를 추구한 것은 아닐까. 결국 과학적 합리주의가 발달하였기 때문에 오컬티즘이 부정된 것은 아니고 '억압'을 위한 구실로 과학이 사용된 것은 아닐까. 그 때문에 원래라면 과학적인 접근으로 들러붙어야 했던 '초능력'도 현상 그 자체를 부정하고 '억압'하는 방향으로 사회는 움직여 버렸다.

"그러한 의미에서 과학은 억압을 위한 가면에 지나지 않았던 것이 아닌가라고 생각합니다마는……."

어찌 된 까닭인지 일본에서는 메이지유신으로 근대과학을 도입하였을 때 '가면'과 함께 '억압'까지도 수입해 버린 것 같다. 원래라면 '마녀재판'도 없고 비교적 대범하고 '억압'이 적었다고 상상되는 근세의 일본에 갑자기 강력한 '억압'이 들어온 것이다.

그것이 후쿠라이 박사의 경우처럼 많은 비극을 낳았다. 세대가 바뀌고 사회체제가 바뀌며 사상이 바뀌어도 사람들의 마음속에 뿌리 깊게 '억압'은 남아 왔다. 명치 시대 이후 100여 년의 세월은 이러한 사회현상으로는 일순간의 사건일 것이다.

21세기는 양의 시대인가?

"이러한 사회현상이라고 하는 것은 아무래도 과학자가 다루기 벅찬 영역인 것입니다."

물리학이나 화학과는 달리 실험을 할 수 없다. 오로지 현상을 관찰하고 직감을 작용시켜 그 뒤는 상상력을 총동원하는 이외에는 길이 없다. 어떤 가설을 제창하여도 그것을 검증하는 수단이 없다. 원래 '근대과학의 방법론'에 걸맞지 않는 영역이다.

"이것도 근거가 없는 제법 직감적인 이야기입니다마는……."

최근에는 세계에서 눈에 띄게 '초능력에 대한 사회적 억압'이 줄어들고 있는 것은 아닌가라고 D 박사는 말한다. 오랜 세월의 '가면'이 벗겨진 것인지, 돌연변이적으로 '양'이 늘어난 것인지, 신흥 종교의 영향인지, 그렇지 않으면 '카운터컬처 운동'이나 '뉴 사이언스'의 영향인 것인지.

"어쩌면 21세기는 양(羊)의 시대가 될지도 모르지요……."

9장
궁극의 '깨달음'의 사회

D 박사의 이변(異變)

"그래요? 그때부터 벌써 1년인가?……"

초여름의 테니스 클럽은 일대에 여러 가지 철쭉이 만발하고 있다.

——금년은 운수 좋은 해입니다

라고 D 박사는 말한다. 해마다 이 무렵에 적당한 시기를 보아 어제일리어(철쭉) 토너먼트가 개최되는데, 금년에는 공교롭게도 꽃이 만발한 날이 되었다. 이윽고 저녁때가 되니 예에 따라서 큰 숯불이 피워지고 바비큐 파티가 시작되었다.

지난해 이 빨간 숯불 빛을 쐬면서 D 박사의 오컬트 체험을 들은 것이 첫 시작이었다.

——얼렐레.

나는 갑자기 D 박사의 이변을 인지하였다. 지난해에는 큰 잔으로 생맥주를 몇 잔씩이나 마시고 수북이 담은 고기를 차례로 먹어치웠었다.

그런데 어찌 된 일인가. 올해에는 그의 컵에 오룡차가 들어 있고 접시에는 야채밖에 들어가 있지 않았다.

"기력이 허해지신 건가요?"

D 박사는 아련히 웃었다.

"**초월명상**을 시작하였기 때문이죠."

들어 보니 바로 2개월 전부터 '초월명상' 훈련을 시작하였다고 한다. 외면적인 생활에서 바뀐 것은 아무것도 없었다. 테니스도 골프도 강해졌다고 생각되지 않는다(그러고 보니 오늘도 1회전과 패자부활전 모두 순식간에 패하셨다).

그런데 시작한 지 1개월 정도부터 갑자기 고기를 먹고 싶은 생각이 없어졌다고 한다. 기계로 잘게 간 고기는 아무렇지도 않지만 붉은 살코기는 도저히 먹을 수 없게 되었다고 한다. 그런데 오늘 바비큐는 최상의 쇠고기 등심이다.

"그 대신 야채가 굉장히 맛있게 느껴지게 되었습니다."

그렇게 말하고는 D 박사는 감자와 피망만 있는 꼬치를 맛있게 먹었다.

돌팔이 중은 정신성이 낮다

"메이지유신까지의 일본인은 고기를 먹지 않았던 것이지요."

그것은 아무래도 사람들의 '정신성'과 크게 관계가 있을 것 같다고 그는 말한다. '명상'이나 '선'을 수행하고 있는 사람은 고기는 말할 것도 없고 생선도 먹지 않게 되어 완전히 채식주의자가 되는 일이 많다.

그것은 아무래도 신체가 자연히 고기나 생선에 대한 욕구가 생기지 않게 되는 것이 아닌지.

"그렇게 말하면 옛날의 승려는 고기나 생선을 먹지 않았던 것 아닙니까?"

"육식을 하는 승려를 돌팔이 중이라고 업신여겨 부르고 말이죠."

아마 일반적으로 돌팔이 중은 '정신성의 높이'에 문제가 있었

초식 인간 쪽이 육식 인간보다 정신성이 높다?

을 것이다. 거기서부터 업신여겨 부르는 호칭이 생겼을 가능성
이 있다.

"그러면 메이지유신 전까지 일본인의 정신성은 지금보다 높았나요?"

"응, 종교가라면 그렇게 단언할 수 있겠지만……."

과학자로서는 도저히 단정할 수 없다고 한다. '정신성'이 높
은 사람이 고기나 생선을 먹지 않게 된다는 것은 가설로서 충
분히 성립한다. 그렇다고 해서 채식주의자 전원이 '정신성'이
높다고는 할 수 없다. 에도 시대에도 범죄자는 많이 있었다.

"그렇지만 통계적으로 보면 초식 인간 쪽이 육식 인간보다 정신
성이 높다는 것은 있을지도 모르지요."

"일본은 메이지유신으로 무엇을 잃었는가"라는 테마를 연구할 때 이것은 중요한 점일 것이다.

근대과학과 함께 '초능력에 대한 사회적 억압'을 도입하여 '동양철학' 일절을 부정하고 육식을 도입하였다. 그 결과 일본인의 평균적인 '정신성'은 저하되고 많은 승려는 돌팔이 중이 되어버렸다는 이야기이다.

"그렇다면 이제부터 일본인은 채식주의자가 증가하는 것인가요…."

초능력자의 대거 출현

화제는 전번의 '초능력에 대한 사회적 억압'으로 옮겨 갔다. 왜 그런지 전혀 알 수 없으나 이 10년 정도 사이에 '사회적 억압'이 굉장히 희박해졌다.

'초능력'이나 '氣', '기공법', '요가' 붐이 일어나고 어느 교실에서도 초만원 상태이다. 텔레비전에서는 매주 특집이 나오고 사람들의 일상회화 속에도 빈번하게 이 화제가 등장하게 되었다.

만일 '가설 13'이 올바르다면 '억압'이 낮아지면 '초능력자'가 우글우글 들끓을 것이다.

21세기가 되면 '초능력'의 존재는 상식이 되고 누구나 텔레파시로 교신하는 사회가 출현할 것인가. 그렇게 극단적인 것이 아니라도 현재와는 상당히 다른 사회가 될 것인가. 보다 이상적인 사회로 접근할 것인가.

"너무 기대하지 않는 편이 좋다고 생각하지요."

D 박사는 정색을 하고 감자 꼬치를 놓았다.

하나의 문제점은 현재의 '초능력자'나 '기공사'가 반드시 전원 모두 인격이 고결하다고는 말할 수 없다는 것이다. 치켜올리고 얼러맞추어 주는 바람에 거만해진 사람도 많이 있고 신비스러운 것처럼 하여 사람들로부터 금품을 갈취하는 사람도 있다. 신흥 종교의 교조 중에는 모조 사기꾼이 얼마든지 있다.

"사회적 억압이 없어진 바로 그 순간에 **초능력**을 몸에 지닌 사기꾼이 우글거린다면 견딜 수 없지요(큰 웃음)."

그 위험성은 충분히 있다고 한다. 융이 말한 것처럼 '무의식'의 수준이 개인에게 소속되어 있지 않고 만인에게 '집단 무의식'으로서 존재한다면 '텔레파시'의 구조는 납득할 수 있다.

봄이 말하는 것처럼 '암재계'에는 과거도 미래도 온갖 시공간(時空間)이 홀로그래피처럼 간직되어 있다고 하면 '예지'를 시작으로 하는 여러 가지 '초능력'을 설명할 수 있다.

다만, 보통의 인간은 '무의식(=암재계)'을 지각할 수 없고 따라서 보통은 '초능력'을 그다지 발휘할 수 없다. 간혹 '의식'과 '무의식'의 경계가 애매한 사람이 '초능력자'로서 알려져 있을 것이다.

그런데 프로이트가 말하는 것처럼 '의식'에는 '이성'으로서의 측면이 있다. '이성'이 매우 약하기 때문에 '초능력'이 억압되지 않고 발휘된 경우도 있을 수 있는 것 같다. 결국 사회 속에서는 인격적인 결함이라고 생각되는 '이성'의 결여가 '초능력자' 조건의 하나일 위험성이 있다.

"신흥 종교의 교조 중에는 이러한 패턴이 상당히 있을지도 모르지요……."

양(초능력자) 중에도 착한 양과 나쁜 양이 있다!

'양' 속에는 '착한 양'도 있는가 하면 '나쁜 양'도 있다. 단순히 '양의 시대'가 도래한다는 것만으로는 무조건 기뻐할 수 없다.

건전한 '의식'과 '이성'을 유지하고 고결한 인격과 높은 '정신성'을 가진 '양'이 바람직한 것이다.

그를 위해서는 '기공법', '선', '요가', '명상법' 등의 전통 있는 수행법이 보급되는 것이 중요할 것이다.

불교와 초능력

예컨대, '선'의 목적은 '깨달음'이다. 융적으로 해석하면 '깨달음'이란 '의식'과 '무의식'이 혼연일체가 된 상태를 가리킨다. 따라서 '선'의 수행 과정에서 각종 '초능력'을 발휘할 수 있게 된다는 것이 알려져 있다. 도겐선사(道元禪師)의 『정법안장(正法眼

藏)』에는 다음과 같은 '초능력'의 기술이 있다.

1. **천안통(天眼通)**   천리안, 예지, 투시, 환각에 의한 계시
2. **천이통(天耳通)**   먼 곳에 있는 소리를 들을 수 있는 지옥이
                        (地獄耳), 목소리에 의한 계시
3. **타심통(他心通)**   독심술, 텔레파시
4. **숙명통(宿命通)**   전세, 금세, 내세를 안다
5. **신족통(神足通)**   텔레포트
6. **누진통(漏盡通)**   깨달음

다만, 불교에서는 강력한 교훈이 있다. 이들의 '초능력'은 정신성을 높임으로써 자연히 부차적으로 발현하는 것이고 '초능력'을 몸에 지닐 목적으로 수행을 하여서는 절대로 안 된다고 가르치고 있다. 또 손쉽게 자기의 욕망을 충족시키는 방편으로 생각해서도 안 된다고 설유하고 있다. '기공법'에서는 정신 면을 소홀히 하면 '편차(偏差)'가 생기기 쉽다고 설유하고 있다.

결국 '氣'나 '초능력'만이 묘하게 발달하고 '영혼의 순수성'이나 '정신성의 고매함'이 불충분하면 매우 불균형한 상태라고 말할 수 있다. 이것은 본인에게도 주위에게도 상당히 위험한 상태인지도 모른다.

'초능력 소년'이 의외로 일찍 죽는 사례가 많은 것은 이것과 관련되어 있을 가능성이 있다.

그러한 의미에서 종교적 계율이라고 하는 것은 참으로 중대한 의미를 가지고 있었다. 계율도 없이 '사회적 억압'이 줄어들고 사람들이 방임 상태에서 '초능력'의 수행을 시작한다면 이

세상은 지옥이 될지도 모른다.

"氣나 초능력의 훈련은 매우 훌륭한 것이지만 그 최종 목적은 깨달음을 얻는 것이라는 것을 사회 전체가 인식해야겠지요."

그를 위해서는 종교가들이 더 노력하여 주었으면 하고 D 박사는 말한다.

그리스도교와 깨달음

그리스도교에서는 '깨달음' 대신에 '신과의 완전한 합체'라는 표현이 사용되고 있다. 16세기 스페인 예수회의 성자(聖者), 아빌라의 테레사가 쓴 『영혼의 성(城)』이라는 책에는 명상적인 기도의 수행 단계를 설명하는 데 영혼의 7개의 주거(住居)라는 것이 적혀 있다.

제7의 주거(신과의 완전한 합체)에 도달할 때까지 제4, 제5의 주거를 통과하고 여기서는 전율하여야 할 환각 등의 형태로 악마와의 만남이 일어난다고 하고 있다. 이것은 선의 수행 중에 조우하는 '마경(魔境)'과 마찬가지다.

결국 그리스도교에서도 수도승(修道僧)의 궁극 목적은 '깨달음'을 얻는 것이고 그 수행도상에 동양적인 수행법과 전적으로 같은 폐해가 생기고 있었던 것 같다.

전해지고 있는 에피소드에서 보면 그리스도 자신이 '깨달음'을 얻은 것은 분명하고 많은 번민하는 사람들을 '초능력'으로 치료하고 있다. 그리스도의 많은 직제자도 '깨달음'을 얻고 있었던 것 같고 그리스도교 사상 '성인(聖人)'으로서 연명(連名)되어 있는 사람의 대부분도 '깨달음'을 얻고 있었던 것은 아닐까.

그리스도는 '신의 존재'와 '사랑'과 '정신성을 높이는' 것을 사람들에게 설교하였으나 그 배후에 '신과의 완전한 합체(깨달음)'라고 하는 큰 목표가 있었다고 생각된다.

그런데 그리스도교는 중세의 암흑 시대를 거쳐 '마녀재판'과 같은 잔학 행위를 거듭하여 '초능력에 대한 사회적 억압'의 일익을 담당하였다.

오늘날의 그리스도교 사제나 목사 중에서 '깨달음'을 얻어 '치료'를 할 수 있는 사람이 몇 사람이나 있을까. 거기까지는 도달하지 않아도 그를 향하여 열심히 수행하고 있는 사람들이 몇 사람이나 있을까.

불교의 형해화(形骸化)

불교도 마찬가지다. 석가는 실로 400명의 제자들을 지도하여 '깨달음'을 얻게 하였다고 한다. 그 한 사람 한 사람이 또 몇백 명 정도를 지도하여 몇 대씩이나 그것이 계속되었다면 지금쯤은 지구상 인류의 대부분이 '깨달음'을 얻고 있어도 될 것이다. 석가가 바란 것이 그러한 상태였던 것은 아닐까.

그런데 불교도 그리스도교와 마찬가지로 정치권력과 결탁한 암흑의 중세를 경험하고 있다. 오늘날의 승려는 반드시 깨달음을 얻고 있을 필요는 없다. 오로지 묘소를 지키고 장례식을 집행하면 승려라고 하는 직업이 성립된다. 아무리 경전(經典)이나 교의(敎義)에 밝아도 '초능력'이나 '치료' 등의 실천 면에서 대부분의 승려는 신흥 종교의 교조에 뒤떨어질지도 모른다.

"불교도 형해화되었다는 것입니까?"

나의 질문에 D 박사는 젓가락을 놓았다.

"……불교도 붐이 되었지요."

그것은 좋은 일이라고 그는 말하였다.

"……그렇지만 어쩐지 걱정이 됩니다."

불교의 각종 경전이나 여러 가지 교의를 해설한 서적이 너무나도 현대의 가치관에 영합(迎合)하고 있는 것은 아닌지. 그것 때문에 해석이 얕박해져 있지는 않은지. '초능력'이나 '氣의 문화'가 억압된 현대사회의 상식 필터(Filter)를 통해서 본 불교를 아무리 설법해도 진수(眞髓)는 전달되지 않는다.

불교와 융

"……나같이 학식이 얕은 사람이 현재의 일본 불교계를 비판하면 그야말로 지옥에 떨어질지도 모르지요(웃음)."

그렇지만 이것만은 알고 있어야 한다고 그는 말한다. 세계의 불교 승려에게 양자역학을 공부하라고 말하는 것은 무리일 것이다. '뉴 사이언스'를 공부하라고 해도 지나치게 어려울지도 모른다. 그러나 '융 심리학' 정도는 상식으로 알아두었으면 한다고.

"예부터 불교의 가르침과 근대적인 심층심리학이 얼마나 잘 일치하는가를 알고 감격하지 않는 사람은 없을 것이고 일반 대중에 대한 설득도 보다 신선하고, 보다 강력하게 될 것입니다."

"불성(佛性)은 안에 있다"라고 이야기해도 대부분의 사람은

"아, 그렇습니까"라는 반응밖에는 없을 것이다. 아무리 열심히 말을 하여 '불성'의 뜻을 설명하고 '그것이 당신 속에 있습니다'라고 하여도 대부분의 사람은 이해할 수 없을 것이다.

설명하고 있는 사람도 만일 깨달음을 얻고 있지 않다고 하면 그 참된 의미를 이해하고 있다고는 말할 수 없고, 공연히 선배로부터 전해진 말을 반복하고 있는 것에 지나지 않는다.

말하자면 테이프 리코더나 앵무새의 역할밖에 하고 있지 않는 것이다. 일본 승려의 대다수는 자칫 잘못하면 테이프 리코더의 역할밖에 하고 있지 않는지도 모른다. 이것으로는 형해화하였다고 일컬어져도 달리 방법이 없다.

가령 '깨달음'을 얻지 않아도 '융 심리학'을 알고 있으면 조금은 낫다. 불교에서 말하는 '불성'과 융이 말하는 '집단 무의식'이 매우 흡사한 개념이라는 것은 누구라도 바로 알아차릴 것이다.

인간은 왜 '불성'을 발휘할 수 없는가. 실은 발휘할 수 없는 것이 당연하다고 하는 것도 이해하기 쉬운 것은 아닌가. 보통의 인간은 보통의 상태에서는 전혀 지각할 수도, 인식할 수도 대화할 수도 없다. 그렇기에 '무의식'이라는 명칭이 붙어 있는 것이다.

그렇다면 '불성'을 발휘하려면 어떻게 하면 되는 것인가. 이것도 융류로 해석하면 명쾌하다. 어떻게 해서든지 '무의식'과의 대화를 시도하고 '무의식'의 메시지에 귀를 기울이며 '무의식'과 일체가 되면 된다.

훈련을 잘 쌓고 임상 경험이 풍부한 정신분석 의사라면 '꿈'이나 무심코 그린 '만다라'에서 '무의식'으로부터의 메시지를 독해할 수 있다.

'기공법'이나 '요가'나 '초월명상' 등도 '무의식'을 아는 절호
의 훈련법이다.

특히 불교는 그를 위한 수행법의 보고(寶庫)이다. '선'은 매우
강력한 방법이다. 밀교계의 각종 수행법도 효과가 뛰어나고 만
트라(呪文 : 주문), 염불, 제목(題目) 등을 외는 것도 큰 효력이 있
다. 큰 소리로 독경(讀經)하는 것만으로도 훌륭한 수행이 된다.
경(經)의 내용이 기특하다고 하는 것보다는 그럭저럭 특정의 음
성이 생리적으로 작용해서 명상 상태에 가까워진다는 것이 진
상인 것 같다(문헌 [15]).

결국 불교 온갖 종파의 온갖 방법론이 각각 '무의식'과 대화
의 길을 탐색하여 온 것이다.

"나는 말이지요, 불교 그 자체가 무의식과의 대화를 목적으로 하
는 것 같다는 생각을 금할 수 없어요."

'심층심리학'을 거론하였다고 해서 불교가 바뀌는 것은 아니
다. 교의도 수행법도 약간의 변경도 필요 없다.

새로운 불교관의 확립

"결론은 같아도 심층심리학의 뒷받침이 있으면 가르침의 두께가
다릅니다. 어쩐지 낡아빠졌다는 인상이 강했던 불교가 젊은이들이
보아도 갑자기 빛나 보이는 것처럼 되는 것은 아닐까요."

불교와 심층심리학과의 미묘한 관계는 융과 친교가 있었던 스
즈키 다이세츠가 잘 알고 있었던 것 같다고 D 박사는 말한다.

애석하게도 당시는 아직 '융 심리학'이 세상에 받아들여지기

전이었다. 따라서 이만큼 중요한 것이 불교의 지도자 사이에서 별로 알려져 있지 않았던 것 같다.

"사실은 말이지요, 심층심리학뿐만 아니라 양자역학이나 뉴 사이언스에 의한 뒷받침도 이해하여 주었으면 합니다만……."

새로운 시점(視點)에서의 새로운 불교 해석이 가능한 것은 아닌가라고 말한다. 난마(亂麻)같이 어지러워진 종파 간 싸움을 넘어서 통일적인 근대 불교를 확립할 수 있는 것은 아닌지.

그를 위해서는 전통 있는 불교계의 대학에서 반드시 심층심리학이나 이론물리학자를 두어 통일이론을 탐구하는 것이 좋은 것은 아닐까.

더구나 뇌파의 측정이나 심리학, 생리학 등의 지식을 총동원해서 보다 나은 수행법을 연구하여야 할 것이다.

"새로운 불교관의 확립이라고 하는 것은 오랜 전통이 있는 일본 불교계에 대한 큰 숙제 같은 기분이 듭니다."

과학과 종교

사실은 불교뿐만 아니라고 D 박사는 말한다. 그리스도교도 이슬람교도 또는 온갖 동양적 수행법도 목적은 동일할 것이다.

"편협된 이교도 배척이나 종파 간, 유파 간의 보기 흉한 싸움이나 하고 있을 겨를에 조금 더 건설적인 작업을 해주었으면 좋은데 말이지요……."

바야흐로 과학과 종교가 통합되는 날이 다가오고 있다. 종교가는 더 눈을 뜨고 마음을 열며 고정관념을 배제하고 지식을 얻어 독창성을 발휘하며, 우주에서의 자기 역할을 자각해 주었으면 한다고 D 박사는 말한다.

조금 전까지는 종교가 설명하는 우주관은 전근대적인 무지(無知) 때문이란 결론이고 근대과학이 '올바른' 우주상(宇宙像)을 제공하였다고 생각하고 있었다. 결국 종교와 근대과학은 서로 대립하는 것이고 근대과학이 종교의 수비 범위를 좁히는 역할을 해왔다. 종교가 옛날의 빛남을 상실한 하나의 요인이 이것일 것이다.

그런데 아인슈타인이 '시간의 상대성'을 발견하고 '양자역학'이 탄생하며, 나아가서는 '뉴 사이언스'나 '심층심리학' 등이 발달하게 되면서 상황이 일변한다.

"이럭저럭 1세기가 되는가요. 많은 과학자들이 고생에 고생을 거듭해서 말이죠. 수학을 공부하거나 실험 방법이나 측정 방법을 연구해서 차례차례로 신이론을 개척해서 매우 험준한 산을 올라온 것이지요. 겨우 정상이 보인다고 생각하여 문득 위를 보았더니……."

D 박사는 오룡차 한 모금을 마셨다.

"거기에는 그리스도나 석가를 비롯한 많은 종교상의 성인들이 싱글벙글 웃으며 기다리고 있었던 것이지요."

"어서 오십시오. 파라다이스(극락)에 잘 오셨습니다(큰 웃음)."

웃으면서 나의 머리는 묘하게 맑아져 왔다. 1년 전에 이 테니스 클럽의 잔디 위에서 사이언스와 오컬트의 수수께끼 이야기를 들었다.

그 당시 나는 사이언스는 올바른 것, 오컬트는 **어쩐지 미심쩍은** 것이라고 믿고 있었기 때문에 양자를 동렬(同列)로 논하는 D

박사를 솔직히 말해서 따라갈 수 없었다.

'깨달음'의 사회

그때부터 '초능력'의 존재, '氣'의 존재, '기공법'이나 '요가'의 해설, 그리고 '뉴 사이언스'나 '심층심리학'의 이야기 등을 들어 왔다. 매번의 인터뷰 내용을 연결시켜 가면 실로 놀랄 만한 이미지가 솟아난다.

——정말일까?

나의 머리는 일단 D 박사의 로직(Logic)을 이해하고 있다. 그러나 내가 마음속으로부터 납득하는 데는 아직도 당분간 시간이 걸릴 것 같다.

교회의 뾰족탑 배경에 거대한 둥근 달이 떴다. 낮에는 가지각색이었던 철쭉꽃이 자욱한 안개처럼 하얗게 떠 있다. 파티는 바야흐로 한창이고 디스코조의 음악에 맞춰서 몇 사람인가 잔디 위에서 춤추고 있다.

……역시 결론은 만화적이구만…….

나는 혼자 웃음이 나왔다.

이 1년, D 박사와 몇 번이나 농담거리로 삼아온 '기동전사 건담'이 결론인 것 같다.

옛날부터 왜 그런지 억압되어온 '초능력'이나 '기'가 해방되고 '뉴 타입'이 속속 탄생되는 세상이 가까워지고 있는 것 같다.

그것이 천국이 될지 그렇지 않으면 지옥이 될지는 전혀 모른다. 바라건대 옛날의 성인들이 설법한 것처럼 사람들이 계속

과학자들이 정상에 올라갔더니 파라다이스(극락)에서 성인들이 기다리고 있었다!

'깨달음'을 얻고 이상(理想)의 사회로 향하면 좋을 텐데…….

　——그렇지만 나는 무리야.

　칠칠치 못한 내가 얼마 남지 않은 인생 속에서 '깨달음' 등을 얻는다는 것은 도저히 무리한 상담이다.

　——D 박사라면 할까?

　벌써 상당히 오랫동안 두 사람은 침묵을 지키고 있었다. 나의 제멋대로인 상상을 아랑곳하지 않고 그는 가만히 먼 어둠 속을 응시하고 있었다. 그 눈동자에 바비큐의 숯불이 빨갛게 깜빡깜빡 타고 있었다.

가설 14	이상(理想) 사회란 구성원의 대부분이 '깨달음'을 얻음으로써만 실현될 수 있다(불교 등).

참고문헌

〔1〕 Rhine, J. B.: *Extra-Sensory Perception*, Branden Press, (1973)

〔2〕 Stanford, R. G.: *Psychic Exploration*, E. D. Mitchell Ed., (1974)

〔3〕 Jo Uphoff, W. M.: *New Psychic Frontiers*, Colin Smith, (1977)

〔4〕 Nash, C. B.,: *Science of PSI, ESP and PK*, C. Thomas, (1978)

〔5〕 Rhine, J. B.&Pratt, J. G.: *Parapsychology*, Charles C. Thomas, (1957)
    일본어 역은 유아사(湯淺)에 의한 『초심리학개론』, 宗敎心理硏究所, (1964)

〔6〕 피: 『초 심리의 과학』, 中央印刷, (1975)

〔7〕 후쿠라이 도모요시(福來友吉): 『투시와 염사(念寫)』 寶文館, (1912)

〔8〕 사사키 시게미(佐佐木茂美) 외: 「초안시각(超眼視覺) 또는 투시시지각에 미치는 타겟의 영향(제1권 색과 밝기)」日本 PS誌, Vol. 6, No. 1, (1981. 10)

〔9〕 사사키 시게미 외: 「산하투시(山下透視) 때의 뇌파 측정에 대하여」 日本 PS誌, Vol. 6, No. 18, (1983. 11)

〔10〕 세키 히데오(關英男): 「텔레파시」, 電子通信學會誌, Vol. 64, No. 6, pp629~633, (1981. 6)

〔11〕 우치다 히데오(內田秀男): 「국제 장거리 텔레파시 실험보고」, 日本 PS誌, Vol, 1, No. 2, pp18~21, (1976. 9)

〔12〕 Kogan, I. M.: *Information theory of telephatic*

communication experiments, Telecommun&Radio Eng. Part 1, Vol. 23, No. 3(1968. 3)

〔13〕 Dean, E, D.: *Channel capacity of telepathy channels*, IEEE Intercom, Feature Session, New Advances in Parapsychology, pp1~12(1974. 3)

〔14〕 니시노 고오조(西野皓三): 『'氣' 지적 신체의 창조』, 講談社, (1990)

〔15〕 쓰무라 다카시(津村喬): 『기공에의 길』, 創元社, (1990)

〔16〕 호시노 미노루(星夜稔)(편): 『기공학의 미래로·초국서(焦國瑞) 대담집』 創元社, (1990)

〔17〕 아오야기 슈도(青柳修道)(편저): 『기공시대』 全日本氣功蓮合會, (1990)

〔18〕 아리마 로진(有馬朗人) 외: 『氣의 세계』 東京大學出版會, (1990)

〔19〕 유아사 야스오(湯淺泰雄), 다케모토 다다오(竹本忠雄) 편: 일본-프랑스 협력 국제 심포지엄—과학기술과 정신세계 ① 「과학의 역설(逆說) —현대과학과 동양사상」, 青土社, (1986)

〔20〕 동 ②: 「생명과 우주—인류의 토포스를 추구하여」

〔21〕 동 ③: 「뉴 사이언스와 氣의 과학」

〔22〕 동 ④: 「신체에서 정신으로의 가교(架橋)—뇌와 영혼의 영역」

〔23〕 동 ⑤: 「과학과 종교의 회로(回路)—기호, 의미, 상징」

〔24〕 데이빗 봄: 『전체성과 내장(內藏)질서』 清士社, (1986, 원저서는 1980)

〔25〕 데이빗 봄: 『현대문리학에서의 인과성과 우연성』 東京圖書, (1969)

〔26〕 채항식(蔡恒息)〔역: 나카무라 쇼하치(中村璟八), 다케다 도키마사(武田時昌)〕: 『역(易)의 뉴 사이언스』, 東方書店, (1989)

〔27〕 프리초프 카프라: 『타오자연학』, 工作舍, (1979, 원저는 1975)

〔28〕 프리초프 카프라: *Turning Point*, 工作舍, (1984)

〔29〕 프리초프 카프라: 『비상(非常)의 지(知)』, 工作舍, (1988)

〔30〕 미야자키 하야오(宮崎駿): 『바람계곡의 나우시카 ①』 德間書店,

(1987)

〔31〕 칼 프리브램: 『뇌의 언어』, 誠信書房, (1978)

〔32〕 Pribram, K. H.: 'Holonomy and Structure in the Organization of Perception'(In Nicholas, J. M. ed. *Images, Perception and Knowledge*, Derdrich-Holland : Reidel), (1977)

〔33〕 상동: *Holographic Memory*, Psychology Today, (1979. 2)

〔34〕 칼 융(야페 편, 가와이 후지나와 데이 옮김): 『융 자서전(自書傳) 1/2』 みすず書房, (1972, 원저는 1962)

〔35〕 유아사 야스오: 『융과 동양 상/하』, 人文書院 (1989)

〔36〕 Reich, W.: *Selected Writings*, New York: Farrar Straus&Giroux, (1979)

〔37〕 Mann, W. E.: *Orgon, Reich and Eros*, New York: Simon and Schuster, (1973)

중요 인물 약력

봄(David J. Bohm, 1917~1992)

미국 펜실베이니아 주립대학, 캘리포니아 공과대학 등을 거쳐서 런던대학 명예교수. 양자역학의 분야에서 큰 실적을 올리고 있는 저명한 이론물리학자. 1959년 예언한 전자(電磁) 포텐셜의 양자 효과(아로보프-봄 효과)는 1982년에 실험적으로 증명되었다.

인도의 철학자 크리슈나무르티와 친교가 있고 동양의 명상 체험에 깊은 관심을 갖고 있다.

1970년대부터 우주의 '홀로그래피 모델'을 제창하였고 '분할 불가능한 전체'로서의 우주 모델을 차츰 정식화(定式化)하고 있다. 프리브램과 함께 '뉴 사이언스'의 리더로 간주되고 있다.

보어(Niels Bohr, 1885~1962)

덴마크 물리학자. 원자핵 모델을 제창하였고 양자역학의 기초를 세웠다. 1922년 노벨물리학상을 받았다. 중국의 『역경』에 심취하여 동양의 신비사상과 양자역학의 유사성을 일찍부터 지적하고 있었다. 작위(爵位)를 받았을 때 문장(紋章)으로 『역경』의 '태극도'를 선택한 것은 유명하다.

하이젠베르크(Werner Heisenberg, 1901~1976)

독일 태생. 보어나 슈뢰딩거 등과 함께 양자역학을 개척하였다. 불확정성 원리나 양자역학의 수학적 기초를 부여한 'S(산란,

214

散亂)행렬' 등의 제안은 너무나도 유명하다. 인과성을 부정하고 관측하는 계(系)와 관측되는 계의 불가분성을 주장하였다. 인도 철학에 큰 영향을 받고 프리초프 카프라를 지지하였다.

조지프슨(Brian Josephson, 1940~)
영국 케임브리지대학 물리학부 교수. 극저온(極低溫)에서의 초고속 연산소자('조지프슨 소자')의 원리를 발견하여 1973년 33세의 사상 최연소로 노벨물리학상을 받았다. 마하리시·마헤시·요기의 초월명상에 깊이 심취하였다.

융(Carl Gustav Jung, 1875~1961)
스위스의 심리학, 정신의학자. 취리히대학 강사, 바아젤대학 교수를 역임하였다. 주로 정신분석에 의한 치료에 종사하였다. 프로이트와 함께 초기 정신분석의 발전에 기여하나 이후 독자적인 분석심리학을 창시하였다. 정신병, 꿈, 신화전설 등의 연구를 통해서 '무의식'의 구조를 밝힌다. 뒤에 심상(心象)이나 상징의 연구에 의해서 인간의 종교성 문제를 깊숙이 추구하였다.

크리슈나무르티(J. Krishnamurti, 1895~1986)
인도 마드라스의 바라몽 가계(家系)에서 태어났고, 1909년부터 신지학(神智學)협회에서 영적 수행을 쌓고 영국 유학 후 '별의 교단(教團)'의 지도자가 되었다. 1929년 스스로 교단을 해산하고 인간 영혼의 해방을 설법했다. 1960년대 미국의 '카운터 컬처 운동'에 많은 영향을 미쳤고 봄, 프리브램을 비롯한 많은 연구자에게 동양철학을 가르쳤다.

마하리시(Maharishi Mahesh Yogi, 1917~2008)

인도 아라하바트대학 물리학과 졸업. 성(聖) 스와미 프라아만다 사라스와티 대사(大師)에 사사하여 13년간 '요가'를 수행하였다. 1957년 TM(초월명상법)을 체계화하여 지도를 시작했다. 미국, 유럽, 인도 등에 TM을 중심으로 한 대학을 설립, 인류의 건강과 이상사회의 실현을 겨냥하여 열정적으로 활동하였다. 제자로는 비틀즈나 조지프슨 등이 있다.

프리브램(Karl Pribram, 1919~2015)

미국 스탠퍼드대학 심리학부 교수. 동 대학 신경생리연구소 소장. 아란 와트나 크리슈나무르티 등과의 친교를 통해서 동양철학과 명상을 배웠다. 뇌 생리학의 분야에 '홀로그래피 모델'을 제창하였다. 양자역학에서 출발하여 '홀로그래피 모델'에 도달한 이론물리학자 봄과 교류가 있었고 함께 '뉴 사이언스' 운동의 리더로 간주되었다.

라이히(Wilhelm Reich, 1897~1858)

프로이트의 제자. 미국으로 망명. 동양에서의 '기'와 같은 개념을 갖는 '오르곤 에너지'를 발견하였고 그것에 기초를 둔 신체나 정신의 치료법, 기상(氣象)의 조절법 등을 개발. 마르크스주의에 접근하였으나 받아들여지지 않았고 또한 국제정신분석학회로부터 제명되었다. 그의 치료법은 미국 메인주 법률에 저촉되어 금지되었다. 법정모욕죄로 투옥되고 최후는 발광하여 옥사.

라인(Joseph Banks Rhine, 1895~1979)

미국 듀크대학 교수. 초심리학연구소 소장이 되었고 ESP(초감각적 지각)나 PK(염력, 念力) 등의 초상 현상에 대한 통계적 연구법을 개발하였다. 융과는 20년에 걸쳐서 편지 교류를 하였다.

슈뢰딩거(Erwin Schrödinger, 1887~1961)

오스트리아의 빈 태생. 양자역학의 기초가 된 파동(波動)방정식을 발견하였다. 그의 이론은 엄격한 인과성을 따르기 때문에 당초 그의 우주 모델은 결정론적이었던 것 같으나 만년에는 양자역학과 인도의 '베다철학'의 유사성을 지적하였다.

초능력과 기(氣)의 수수께끼에 도전한다
'우주 구조'의 근본원리에 다가선다

초판 1쇄   1994년 08월 30일
개정 1쇄   2020년 06월 16일

지은이   덴게 시로
옮긴이   임승원
펴낸이   손영일
펴낸곳   전파과학사
주소   서울시 서대문구 증가로 18, 204호
등록   1956. 7. 23. 등록 제10-89호
전화   (02)333-8877(8855)
FAX   (02)334-8092
홈페이지   www.s-wave.co.kr
E-mail   chonpa2@hanmail.net
공식블로그   http://blog.naver.com/siencia

ISBN 978-89-7044-937-1 (03180)
파본은 구입처에서 교환해 드립니다.
정가는 커버에 표시되어 있습니다.

도서목록
현대과학신서

도서목록
BLUE BACKS